Antônio de Pádua

ALMERINDO MARTINS DE CASTRO

Antônio de Pádua

— Sua Vida de Milagres e Prodígios —

Copyright © 1939 *by*
FEDERAÇÃO ESPÍRITA BRASILEIRA – FEB

1ª edição – 3ª impressão – 2 mil exemplares – 6/2013

ISBN 978-85-7328-440-9

Todos os direitos reservados. Nenhuma parte desta publicação pode ser reproduzida, armazenada ou transmitida, total ou parcialmente, por quaisquer métodos ou processos, sem autorização do detentor do *copyright*.

FEDERAÇÃO ESPÍRITA BRASILEIRA – FEB
Av. L2 Norte – Q. 603 – Conjunto F (SGAN)
70830-030 – Brasília (DF) – Brasil
www.feblivraria.com.br
editorial@febnet.org.br
+55 61 2101 6198

Pedidos de livros à FEB – Departamento Editorial
Tel.: (21) 2187 8282 / Fax: (21) 2187 8298

Dados Internacionais de Catalogação na Publicação (CIP)
(Federação Espírita Brasileira – Biblioteca de Obras Raras)

C355a   Castro, Almerindo Martins de, 1883–1987

Antônio de Pádua: sua vida de milagres e prodígios / Almerindo Martins de Castro. – 1. ed. 3. imp. – Brasília: FEB, 2013.
214 p.; 21 cm
ISBN 978-85-7328-440-9

1. Antônio de Pádua, Santo, 1195–1231. 2. Espiritismo. I. Federação Espírita Brasileira. II. Título.

CDD 133.9
CDU 133.7
CDE 90.02.00

A frei José dos Mártires

*Afetuoso amigo, protetor
e inspirador de sempre*

*Singela dedicatória
do seu humilde aprendiz.*

Sumário

9 | Como falam os sábios

13 | A vida de Santo Antônio

77 | Os milagres de Santo Antônio

Apêndice

171 | A verdadeira religião

185 | A ingratidão dos filhos

201 | A missão da mulher

COMO FALAM OS SÁBIOS

> *"Estamos tão distantes de conhecer todos os agentes da Natureza e seus diversos modos de ação, que será pouco filosófico o negar a existência de fenômenos, unicamente porque sejam inexplicáveis no estado atual de nossos conhecimentos."*
>
> Laplace
> (*Ensaio filosófico sobre as probabilidades* — 1814, pág. 110.)

"Podemos admitir que tudo se reduza no Espiritismo a alucinações e ilusões? Não, sem dúvida. Porque é absurdo admitir que quanto vem sendo narrado concordemente por escritores de todos os tempos, da mais remota antigüidade e de hoje, e por historiadores de todas e mais diversas nações do globo, sejam bárbaras ou civilizadas, em torno do possível comércio sensível dos homens viventes com seres imateriais superiores, seja tudo inteiramente produto de cérebros enfermos.

Não é de fato crível que, a respeito de tão importante ponto, os homens mais eminentes, de todos os tempos e de todos os lugares, hajam tido ilusões ou alucinações do mesmo gênero e modeladas mais ou menos sobre o mesmo molde.

E não é menos absurdo admitir que durante um período de quase meio século um número indeterminado de pessoas nossas meio contemporâneas, nas diversas partes do globo, em diverso período de idade, em diferentes condições individuais, e em variados graus de cultura mental, haja sido vítima de um mesmo gênero de alucinações e de ilusões em torno da constante repetição de certos fatos."

Dr. José Laponi
(Protomédico de SS. SS. Leão XIII e Pio X. — *Hipnotismo e Espiritismo*, 3ª ed., págs. 184/185.)

"Podem os mortos voltar do outro mundo e aparecer aos homens? — Nada há nisto que exceda a onipotência de Deus.

EXPLICAÇÃO — Depois do juízo particular, vão as almas para o paraíso, para o inferno ou para o purgatório; podem elas sair de lá algumas vezes, com permissão de Deus, ao menos por alguns momentos e voltar à Terra, a fim de dar avisos ou conselhos aos vivos? Ou por outros termos, há, e é possível haver almas do outro mundo?

— É certo que a crença nas almas do outro mundo, esta crença tão propagada por toda parte, remonta à mais alta antigüidade. Todos os povos, assim os mais selvagens como os mais civilizados, estão ou estiveram na fé de que as almas podem, depois da morte, voltar à Terra, tomar uma forma terrestre ou aérea, fazer ruído, soltar gemidos, falar, pedir qualquer coisa.

Nada há nisto que repugne à sã razão, nada que exceda à onipotência divina.

"Deus pode, decerto, diz Bergier, depois que uma alma se separa do corpo, fazê-la aparecer de novo; restituir-lhe o mesmo corpo que tinha, ou outro, e repô-la em estado de exercer as mesmas funções que exercia antes da morte. Este meio de instruir os homens e de os tornar dóceis, é um dos mais admiráveis que Deus possa empregar."
É, pois, muito possível que haja mortos que voltam à Terra.".

Abade Ambrósio Guilois
(*Explicação histórica, dogmática, moral, litúrgica e canônica do Catecismo* — Tomo I, páginas 449/450. Obra aprovada por um Breve de Pio IX, por vários Cardeais, Arcebispos e Bispos, entre estes os do Rio de Janeiro, S. Paulo e Goiás.)

A Vida de Santo Antônio

Curvado sob o guante das agruras ou encantado pelos lindos quadros naturais da primavera em flor; na humilde condição de analfabeto — escravo das tarefas rudes ou no fastígio das transitórias sagrações terrenas, o homem jamais conheceu a ilimitada fronteira da ignorância em que vive, insulado do Universo, na ilusória suposição de que este mísero mundículo é o centro supremo a cujo serviço está a imensidade do Infinito.

A ciência da Terra não deu às criaturas o conhecimento da vida, nem a religião das igrejas revelou às almas o mistério insondável do além-túmulo.

A cada instante, o homem se defronta com o enigma dos fenômenos que nos falam de uma vida estranha, desconhecida até dos sábios e anatematizada pelos bonzos que, através dos tempos, têm falado em nome das onipotentes forças que governam todas as coisas, poder figurado nas absurdas formas esculturais dos deuses de todo gênero.

E, assim, de milênio em milênio, vem a Humanidade refundindo a sua ciência oficial, que se desmente e corrige a cada erro verificado; assistindo à falência dos seus credos, que se corrompem e desaparecem nas guerras dos interesses seitistas.

Mas, aquela vida estranha, vinda do Espírito desconhecido e onipotente, continua na mesma penumbra das dúvidas e discussões, repelida da ciência oficial e excomungada pelos sistemas religiosos que se digladiam e disputam a supremacia espiritual dos povos.

Em vão os mensageiros da Verdade advertem que os rótulos e as palavras nada significam nas realidades da vida do espírito universal.

Catolicismo, budismo, maometismo, espiritismo, são vocábulos que servem de lábaro a aspectos humanos da religião; mas, a essência imutável das leis que regem a vida, inderrocáveis, paira decerto bem acima das multidivisões convencionais, na sintética e única denominação que lhe assenta:

 ## Verdade

Dê-se-lhe o nome de — Deus, Brama, Grande Arquiteto do Universo, Força Desconhecida, Fonte de Energia Eterna, Eletricidade Condicionada, Matéria Inteligente — não importa à essência da vida cósmica.

A história da Humanidade está cheia das manifestações do Espírito, incógnito embora na sua forma intrínseca.

Não se deve estranhar, pois, que homens de boa-fé procurem ventilar aspectos de tais fenômenos, à luz de um espiritualismo isento de preconceitos seitistas, embora dentro de um sistema de interpretação coordenada — que liga esses fatos aos preceitos de moral deles decorrentes.

Todas as crônicas dos povos são repositórios de acontecimentos extraordinários, geradores de dúvidas e controvérsias, pois o julgamento das coisas do passado geralmente se processa com a mentalidade contemporânea, e não com o recuo à época em que os fatos ocorreram.

Assim, quando a paciência de algum pesquisador revive coisas sepultadas no esquecimento dos tempos ou desfiguradas pelos narradores infiéis, a ignorância presente ergue o gládio da Dúvida ou diz simplesmente: Não é possível!

Entretanto, são fatos históricos, registrados na era correspondente, comprovados pelo testemunho das gentes e garantidos pela honestidade e renome de narradores idôneos.

Apesar disso, quer se trate de Lúcio Cômodo Antonino, o imperador cruel que nos seus passeios, em Roma, costumava mandar romper, à faca, o abdômen volumoso dos homens gordos que encontrava, por achar divertido ver saltarem para fora os intestinos da vítima; quer ainda do famoso rei-sol, Luís XIV, de França, que vivia coberto de parasitas, pelo desasseio do corpo; — a imaginação hodierna recusa crer quanto lhe pareça impossível que haja acontecido.

De Lúcio Cômodo, talvez por ter sido filho e sucessor de Marco Aurélio, o famoso imperador sábio, cujas máximas ainda hoje, em nossos dias, constituem modelo de ensinamentos morais.

De Luís XIV, possivelmente porque, avaliando-os com a idéia dos primores das instalações modernas, o céptico esqueça que, àquele tempo, os banheiros eram uma hipótese bem distante da certeza das coisas palpáveis e visíveis.

No entanto, apesar das dúvidas, Lúcio Cômodo foi um malvado de rara crueza, com a volúpia do sangue, desceu muitas centenas de vezes à arena dos circos de Roma, para abater, a golpes de clava, indefesas vítimas, apavoradas ante o seu poderoso e desalmado agressor.

E Luís XIV, a despeito do lendário esplendor da sua corte efeminada e devassa, foi um turíbulo ambulante de cheiros que os perfumes mal disfarçavam no olfato dos cortesãos.

Em assuntos de religião, devido às crônicas suspeitas, mentirosas algumas vezes, escritas a dinheiro não raro, exageradas pela ignorância ou cegueira fanática dos interessados — é maior, e enorme, o trabalho do narrador moderno para extrair, joeirar a verdade de entre as emaranhadas teias da má-fé, e apresentar exatos e limpos os velhos fatos incorporados à História da nossa era.

Graves, pesadíssimas são as responsabilidades de quantos hajam de mostrar aos olhos das gerações novas a verdade das manifestações dos Espíritos, no decurso dos tempos, desde as páginas do Antigo Testamento até os dias em que a simples notícia ou acusação de contacto, com os seres invisíveis do Espaço, condenava a criatura a excomunhões e às chamas das fogueiras religiosas.

E embora muitos desses fatos remotos estejam hoje confirmados e repetidos em manifestações espíritas comuns, tantas foram as desfigurações sofridas no modo de encarar tais acontecimentos, que os incrédulos ainda agitam sentenciosamente a envaidecida cabecinha, dizendo: Mas não é possível acreditar nisso!

Médiuns formidáveis vieram à Terra secundar a ação de Jesus-Cristo, produzindo os fenômenos mais impressionantes e deixando perceber a origem extracorporal das forças que agiam.

Trabalharam, sofreram, mas não foram compreendidos, nem acreditados.

Quando muito, tiveram o título de — profetas ou santos — se pertenciam à seita religiosa dominante, ou mereceram torturas e fogueira, por serem "mancomunados com os demônios e feitiços de Satanás".

É revolvendo as cinzas dessas fogueiras que se tem de restaurar muitas das figuras beneméritas da Terra, mostrando-as em toda a sua grandeza, aureoladas com a sublimidade da missão que trouxeram do Espaço, sacrificando-se para instrução e aperfeiçoamento da Humanidade.

É defrontando esses altares, com o respeito devido às crenças sinceras, que se precisa mostrar aos contemporâneos a verdadeira personalidade dos médiuns que, não compreendidos embora, deixaram comprovada em inúmeros fatos a presença, a intervenção de Espíritos superiores, forcejando por melhorar as criaturas da Terra, lutando para mostrar a verdadeira luz de Deus, patenteando o auxílio dos habitantes do Espaço e de outros mundos, no sentido de ensinar às gentes cegas, espiritualmente, a lei da reencarnação e o caminho para a grande mansão dos justos.

Um desses extraordinários tipos de médium é aquele a quem se chama, em Portugal, Santo Antônio de Lisboa, e, na Itália, Santo Antônio de Pádua.

Segundo o *Dicionário Hagiográfico*, do abade Migne, até 1850, isto é, desde mais de um século, já a Igreja Romana concedera a glória dos altares a vinte e nove homens santos, de nome *Antônio*, italianos, japoneses, russos, armênios, franceses, espanhóis, húngaros, chineses, lituanos, alguns canonizados outros beatificados, com data certa de culto, isso afora mais outros dez *Antônios*, que, segundo textuais palavras do dito Dicionário, foram "santas personagens às quais a Igreja não rende culto ou cujo dia de festa é desconhecido".

Entre os então sem reverência, vale mencionar Antônio de Gusmão, o mais velho dos irmãos do famoso S. Domingos; Antônio Maria Zacaria (recentemente canonizado), fundador dos hoje prósperos barnabitas (nome tirado da igreja de S. Barnabé, em Milão, Itália, que lhes foi doada em 1545); Antônio Quieu, instituidor da Congregação do Santíssimo Sacramento; além de *Antônios* missionários que sofreram martírios e executaram fielmente duras tarefas acima das obrigações profissionais.

Mas, de todos esses — *trinta e nove* santos Antônio, venerados ou não pelos crentes, apenas um — sobrexistiu, o Santo Antônio de Pádua ou de Lisboa, cultuado a 13 de junho, data aniversária da sua morte material.

Nem mesmo um seu patrício concorreu com ele aos altares, pois, entre os que jazem no esquecimento das glorificações, sem culto, existe um outro português, Antônio José Henriques, padre jesuíta, que, missionário na China, foi ali feito prisioneiro, metido em cárcere, vítima de torturas várias vezes, e afinal, a 12 de setembro de 1748, estrangulado na própria prisão, juntamente com outro jesuíta, italiano, seu companheiro de infortúnio.

Santo Antônio, cujo verdadeiro nome era Fernando Martim de Bulhões, nasceu em Lisboa, aos 15 de agosto de 1195, sendo seus pais Martim de Bulhões e Teresa Taveira, oriundos de famílias que ingressaram em Portugal ao tempo em que D. Afonso Henriques, fundando a monarquia lusa, tomara a futura Capital aos sarracenos.

Lisboa era então uma pequena cidade, de população mesclada, conservando bem nítidos os traços meio árabes, meio romanos dos povos e cultos pagãos anteriores ao Cristianismo.

O ensino, muito restrito ainda, era exclusivamente ministrado pelo clero, nas Sés, onde, ao que parece e se sabe, se aprendia gramática, latim e música.

Foi na Sé de Lisboa, próxima da casa de seu nascimento, que o jovem Fernando de Bulhões hauriu os primeiros conhecimentos, ali ficando até aos quinze anos de idade, a freqüentar as aulas, na qualidade de moço do coro.

Esboçadas no seu espírito as primeiras lutas que deviam marcar o início da missão que trouxera, decidiu-se entrar, em 1211, para o convento dos frades agostinhos, em S. Vicente de Fora, onde pouco permaneceu, porque seu feitio moral não se coadunava com as perturbações que o importunavam e impediam de estudar e concentrar-se, motivando transferir-se para o retiro de Coimbra, em 1212.

Aí estudou filosofia e teologia, e adquiriu a erudição mediúnica que devia constituir mais tarde o traço fundamental da sua inconfundível figura.

Esta minúcia tem cabimento para explicar a circunstância de haver o futuro santo pertencido ao clero, quando certos e sabidos eram já os males que deturpavam a Igreja e tinham desvirtuado de muito a pureza das doutrinas de Jesus-Cristo.

No próprio convento a que se transferira, acesa era a rusga, motivada pelo choque de interesses.

Disso nos diz, em sintéticos períodos, Rodrigues de Freitas (*Páginas Avulsas*, edição 1906, fls. 102 e seg.):

"Provavelmente Fernando de Bulhões permaneceria em Santa Cruz, se a regra agostiniana lá fosse rigorosamente seguida; mas, o viver dos monges estava longe de ser um modelo.

O mosteiro de Santa Cruz, embora fundado no século XII, já tinha dado muito que falar e condenar, quando o futuro franciscano foi de Lisboa para Coimbra; sabia extrair da piedade dos fiéis coisas preciosas para ele; atraia generosos clientes com as *cartas de fraternidade*, fomentadoras da entrada de moeda ou coisas equivalentes, em troca de vantagens chamadas espirituais que não demandavam gastos de produção avultados; os confrades e muitos outros fiéis preferiam os monges e as imagens ou relíquias do seu templo aos párocos com os seus objetos de culto, porventura menos afamados em obras milagrosas.

Chegou o afeto às pessoas e coisas de Santa Cruz a ser ofensivo para o próprio bispo da diocese conimbricense; com esta piedosa dedicação ao mosteiro ia freqüentemente ligada à manha dos fiéis que, feitos confrades dele, se esquivavam à solução de dízimos e outros impostos devidos ao pároco e ao prelado e até procuravam isentar-se ao pagamento de taxas ao poder civil.

Nesta concorrência econômico-eclesiástica suscitaram-se polêmicas e contendas em que a ousadia da frase e a energia dos processos eram para deixar envergonhada mesmo a gente de pouca vergonha.

Tornaram-se principalmente notáveis as disputas com a Mitra, quando a trouxeram D. Bernardo (1128-1145) e D. Pedro Soeiro (fins do século XII a 1233).

Numa delas protegeu os frades o arcebispo de Braga, que andava em tais rixas com D. Bernardo, que, além de ofender-lhe a jurisdição, conferindo ordens, cometeu sacrilégios na catedral de Coimbra.

Se não fora a intervenção do pontífice, Deus sabe até onde iria esta guerra da murça fradesca e do báculo episcopal.

Mas, extinta a do tempo de D. Bernardo, surgiu outra com D. Soeiro, exatamente quando Fernando de Bulhões estava naquele poderoso convento. Ainda foi o papa quem pôs termo a esta demanda espiritual sobre custas temporais.

Algum tempo antes, o rei D. Sancho I, escrevendo ao papa Inocêncio III, queixava-se do luxo, da ostentação e da soberba tanto dos prelados como do clero em geral.

Desde então, até o dia em que Fernando tomou o hábito franciscano, os costumes do sacerdócio português não melhoraram; à sinceridade do futuro santo repugnava o espetáculo da contradição escandalosa entre os atos e os altos deveres do clero.

A riqueza do mosteiro decerto o vexava, como se fora grande miséria; inquietava-lhe o espírito e magoava-lhe o coração o princípio fundamental de todas estas controvérsias vergonhosas sobre imunidades e dízimos, sobre divisão de lucros por negócios espirituais.

A religião dele não conhecia a aplicação da aritmética à moral cristã; o Jesus que ele conhecia era o do Evangelho, não o que os monges e os prelados invocariam na defesa dos cálculos deles; era o mesmo que Francisco de Assis amava infinitamente, o mesmo cujo amor inspirara ao *divino louco* da Itália a regra dos frades menores, dos pobres do Cristo.

Esta pobreza representava-se ao entendimento de Fernando como a verdadeira riqueza do monge."

Fernando de Bulhões trouxera do Espaço a missão doutrinária que exerceu.

Seu Espírito, embora evolvido, sofreu a perturbação inevitável do corpo material e teve de servir-se dos meios ao seu alcance para produzir os frutos que deviam resultar da sua passagem pela Terra.

A única religião predominante era a católica romana; os únicos templos permitidos eram os da Igreja de Roma.

Naturalmente, esse tinha de ser o caminho escolhido pelo missionário, que viera trazer o auxílio dos Espíritos superiores ao desenvolvimento da novel nação portuguesa, embora repugnasse ao — médium — muitas das coisas que o — homem — não podia evitar.

Os Espíritos-Guias não têm, felizmente, preconceitos seitistas e realizam os seus desígnios por intermédio de qualquer criatura, frade ou não. Conduzindo seus instrumentos através dos mil tropeços da vida material, os Espíritos conseguem resguardá-los de todos os contágios que possam fazer fracassar os desígnios prefixados a esses emissários.

A Europa estava a fogo e sangue.

As cruzadas sucessivas contra a Igreja grega e contra os maometanos levavam a morte e a pilhagem aos outros povos, tudo em nome da paz, do amor e do perdão de Jesus-Cristo; o papado, cheio de riqueza e poderio, era o centro de todas as intrigas políticas da época e uma fonte de escândalos de toda ordem, de extorsões revoltantes; as nações viviam asfixiadas pela tirania dos grandes senhores e pela intolerância da Igreja Romana.

Ninguém protestava; tudo estava amordaçado pelo terror da excomunhão, das masmorras, das fogueiras.

Foi nessa ocasião que adquiriram grande voga os discípulos de Francisco de Assis, pregadores da fé cristã que se propunham — principalmente pelo exemplo — regenerar os transviados.

Em 1217, a rainha D. Urraca, mulher de Afonso II, o Gordo, fundara em Olivais, Coimbra, um convento para esses frades, retiro que devia exercer decisiva influência no Espírito de Fernando de Bulhões, desde quando aí se hospedaram cinco frades que se dirigiam à África em missão de catequese, os quais produziram vários fenômenos mediúnicos, deixando funda impressão dos seus dons espirituais.

Por isso mesmo, grande foi a emoção causada pelo seu martírio e massacre em Marrocos, e imponentes as homenagens reverenciadoras prestadas a seus restos mortais repatriados por intervenção direta do infante de Portugal, D. Pedro, que se encontrava na África.

Fernando de Bulhões, enchendo-se de fervoroso entusiasmo pelo sacrifício dos cinco malsucedidos pregadores, resolveu tomar ordens naquele convento, e para ali entrou, aos 25 anos de idade, em 1220, abandonando o antigo nome de batismo e escolhendo o de — Antônio, que era o do padroeiro do eremitério de Olivais e referente ao santo desse apelido que viveu nos séculos III e IV, sendo considerado o instituidor da vida monástica.

E, desde logo, fez empenho em seguir para África, a fim de sofrer o almejado martírio pela fé; a muito custo, porém, conseguiu a licença necessária.

Ao que parece, Antônio não infundia aos superiores a confiança indispensável para missão de tão alta importância e que tão de perto dizia com a fama e os créditos da Ordem, por isso que, ele, tal como acontece com os — verdadeiros médiuns — era modesto e simples em extremo, de modo que, na aparência de tão franzino homem, poucos seriam capazes de conhecer ou adivinhar todo o saber já acumulado, e as extraordinárias forças mediúnicas de que dispunha.

Apenas um seu colega (quiçá médium também) viu a verdade, e lhe disse: — "Vai, meu irmão, vai, que porventura serás ainda santo."

Ao que respondeu Antônio: — "Quando tal ouvires, irmão, os louvores pertencerão a Deus."

E foi para a África.

Foi, mas adoeceu tão gravemente, que o reembarcaram para a Espanha.

E quiseram os Espíritos que ventos contrários impelissem a nau para fora do rumo (nesse tempo ainda não fora inventada a bússola), e desse à costa em Taormina, na Sicília, Itália.

Antônio dirigiu-se para Messina, onde convalesceu durante dois meses.

Pode-se talvez ver também nesse desvio de rumo a proteção que do Alto já lhe era dispensada, pois ele não conseguiria amoldar-se aos processos de conversão adotados pelos missioná--rios cristãos da época.

27

O martírio dos que pereceram sob as torturas dos mouros e de outros heréticos foi mais fruto da imprudência, do fanatismo, da intolerância, da grosseria dos pretensos evangelizadores e maus discípulos da luminosa mansuetude do Cristo.

Esses cinco mártires que inundaram de santo fervor o coração de Antônio de Pádua, eram deste teor:

Levados à presença de um príncipe marroquino, autoridade que com eles se entreteve a convencê-los do desacerto de pregar ao povo, um dos frades, frei Oto, terminou por dizer àquele: — "O vosso maldito profeta vos leva consigo à condenação eterna, por muitas falsidades e pecados, fora do único e verdadeiro caminho da salvação."

Em vão pessoas sensatas buscaram amenizar a arrogância fanática dos franciscanos, inclusive o infante D. Pedro que, ali estando em missão do irmão, o rei Afonso de Portugal, gozava de algum prestígio.

Conduzidos à presença do próprio rei mouro, que entre outras coisas lhes disse: — "Tenho compaixão de vós outros e da vossa doidice e ignorância", responderam: — "Tu, converte-te à fé do Filho de Deus vivo, se queres alcançar vida eterna, senão — sabe que em teu profano, mundano, sujo e maligno Maomé para sempre arderás no fogo infernal, com as honras e sensualidades torpes em que vives, na sua lei."

O resultado lógico é que foram fendidos à espada e degolados.

⁕

Em Messina, durante a convalescença, Antônio permaneceu ignorado, até que surgisse o grande dia de romper-se em torrentes de luz a claridade inesgotável daquele médium potente, que iluminou espiritualmente terras da França e da Itália.

Sabendo que se reuniria dentro em breve um Capítulo Geral, em Porciúncula, Antônio, embora não refeito fisicamente, pediu e obteve acompanhar os frades, movido pelo desejo de conhecer de viso o fundador da Ordem, São Francisco de Assis, que devia presidir à assembléia dos monges.

Esta foi das mais notáveis, constituída por cerca de 3.000 frades, além do cardeal Capócio e bispos.

Não tendo sido convocado, e tratando-se de criatura inteiramente desconhecida, Antônio não foi sequer notado, tanta era a sua humildade e modéstia, ajudadas pelo físico abatidíssimo com a enfermidade recente.

Todos os autores são unânimes em afirmar que Antônio escondia cuidadosamente sua erudição e qualidades mediúnicas.

Terminada a reunião do Capítulo, distribuí-ram-se os cargos, fizeram-se as designações: ninguém viu ou quis Antônio.

"E, diz um escritor, porque não se oferecia senão para a cozinha e para os misteres mais abjetos do convento, era rejeitado como presunçoso, que pedia ocupações próprias a pessoas robustas."

Afinal, um guardião, frei Graciano, o levou para ignoto recolhimento (Romitòrio del Monte di S. Paolo), próximo da cidade de Rimini.

Aí fez o último estágio da sua penumbra, que devia preceder à ruptura das catadupas de luz.

Foi em Forli, aonde acompanhara frei Graciano, a uma reunião de franciscanos e dominicanos em assembléia.

Estavam no refeitório. O prelado local, que presidia a mesa, onde tomavam assento os frades que tinham vindo receber ordens, incluídos vários pregadores de tirocínio, pediu a estes dissessem algumas palavras evangelizadoras aos circunstantes.

Todos recusaram, alegando não estarem preparados para tal.

Foi quando ao dito prelado acudiu a jocosidade de fazer falar o humilde frade Antônio, a respeito do qual ninguém tinha notícia de que soubesse alguma coisa, e era conhecido pela gente do convento apenas pelo escrúpulo com que lavava as panelas e exercia outros misteres da cozinha.

Antônio escusou-se, com aquela modéstia que só se encontra no verdadeiro médium.

Mas, o prelado o intimou quase, acrescentando: "Diz o que o Espírito Santo sugerir."

Foi o rastilho para os Espíritos.

Antônio começou falando do temor de Deus; mas, pouco a pouco, atuado, subiu, remigiou pelas culminâncias da eloqüência e do profundo conhecimento das Escrituras Sagradas, tocou os pontos sutis da doutrina e da prática do Cristianismo, e disse, em síntese admirável, de coisas que os luminares ali presentes confessaram não terem ainda ouvido a ninguém.

Pasmos de tanto saber, curvaram-se à autoridade intelectual de Antônio e informaram imediatamente a Francisco de Assis o ocorrido; e, dentro em breve, o frade obscuro aos olhos dos seus colegas era transformado em pregador eminente e produzia os estupefacientes fenômenos mediúnicos que revolucionaram aquelas gentes.

Nada menos de 53 desses fatos, chamados então milagres, figuraram mais tarde no processo de canonização.

Hoje não seriam classificados assim, pois existem nos fastos do Espiritismo fenômenos absolutamente idênticos, sem exceções de qualquer espécie.

Antônio de Lisboa ou de Pádua foi médium dos maiores: médium de materialização, de efeitos físicos, vidente, de transporte, de transfiguração, de curar, inspirado, audiente, de transmissão de fluidos, profético.

Profecia

Havia em Puy um notário, homem de péssimos costumes, escandaloso e colérico, a quem Antônio fazia grandes reverências, toda vez que o encontrava, curvando os joelhos e tirando o capelo.

Um dia, o homem, que se julgava alvo de escárnio e fugia de avistar-se com Antônio, não se conteve e disse: "Se não fora o temor de Deus, enfiava-te uma espada, para que deixasses de zombar, ajoelhando-te diante de mim."

Ao que Antônio contestou: "Não te escandalizes. Eu procurei ser um mártir da Fé e não o consegui, e Deus me revela que tu o serás, e glorioso. Peço-te que, nesse momento, te lembres de mim."

O escrivão riu, a bom rir. Mas, pouco tempo depois, mudou de sentimentos, vendeu tudo quanto possuía, acompanhou uns missionários à Terra Santa e lá sofreu o martírio, nas mãos dos mouros.

Transmissão de Fluidos

Um noviço, chamado Pedro, era vítima de Espírito obsessor, que o impulsionava terrivelmente para voltar à vida profana, acendendo-lhe desejos libidinosos e de intemperança, pelo que o pobre noviço sustentava verdadeiras lutas íntimas, torturado pelas tentações.

Antônio, informado mediunicamente dos sofrimentos do frade novel, deu-lhe Passes e depois, soprando-lhe na boca, disse: "Recebe o Espírito Santo!"[1]

Feito isto, o rapaz caiu em transe, durante o qual teve a visão dos Espíritos de Luz, e, ao voltar a si, erguido do chão por Antônio, sentiu-se transformado e foi daí em diante exemplo de virtude.

(A este frade, Antônio muito recomendou, conforme costumava, que não revelasse a pessoa alguma a visão do Espaço, isto é, o que tinha visto — talvez para poupar ao discípulo as suspeitas de ter "parte com o Demo".)

De Curar

Em Pádua, certa mulher, que tinha um filho paralítico das pernas e dos braços desde a nascença, ouvindo falar dos poderes de Antônio, foi procurá-lo e rogou, apresentando-lhe o menino, que o curasse.

---

[1] Este processo de ação fluídica é pouco vulgarizado, mas o livro *Os Mensageiros*, de André Luiz, no capítulo XIX, "O sopro", explica todo o valor e força de tal processo, aliás, largamente usado pelos Espíritos no Espaço.

Antônio, invocando Jesus-Cristo e impondo as mãos sobre o enfermo, traçou o sinal da cruz (que era o modo de Passe usado então) e o sarou imediatamente.

Em outra ocasião, voltava de pregar, quando encontrou em caminho um homem, de nome Pedro, que trazia ao colo uma filha aleijada, infeliz menina que só podia mover-se de rastos pelo chão e costumava ser obsidiada por Espírito inferior, que, nela atuando, a fazia revolver-se, espumando pela boca, em contorções horríveis.

Antônio, depois de orar, deu-lhe demorado Passe, findo o que a menina ficou curada da atrofia das pernas e dos ataques obsessores.

Na cura das obsessões, ocorreu com ele um outro caso, hoje comum nos trabalhos práticos dos médiuns.

Pregava em Limoges, quando no meio dos ouvintes surgiu um perturbado, tido por todos como sendo louco, interrompendo com imprudente vozear a atenção do auditório.

Antônio admoestou o Espírito perseguidor daquela pobre criatura, intimando-o a que se calasse e se fosse, mas o obsessor resistiu e só aquiesceu em retirar-se diante da brandura de Antônio, que, interrogando o sofredor, com a paciência exigível em tais conjunturas, agiu tal qual procedem hoje os médiuns quando afastam os Espíritos atrasados.

E dali mesmo o obsidiado saiu livre para sempre da pretensa loucura.

 Inspirado

A maior, a mais extraordinária faculdade mediúnica de Antônio foi a da inspiração.

Quase se pode dizer que foi ele o melhor médium pregador de todos os tempos.

Era sempre assistido pelos Espíritos, que o inspiravam e tinham nele o que se chama — um aparelho perfeito.

Moral austera, ilustração, modéstia, desprendimento, caridade, paz, resignação, tais eram as qualidades que o tornavam um ótimo transmissor das manifestações dos Espíritos, que, além da inspiração, apoiavam as suas palavras e a sua ação com fortes provas de efeitos físicos, provas que o Espiritismo contemporâneo tem hoje gravadas até em fotografias autênticas, e demonstram que os antigos milagres nada mais são do que manifestações dos habitantes do Espaço, para nosso ensino e auxílio.

A palavra de Antônio era, por assim dizer, irresistível na vibração fluídica.

Seus sermões registram, ao lado de conhecimentos sobre todas as ciências físicas e naturais do tempo, belíssimos trechos literários, plenos de formosas imagens poéticas, além de interessantíssimas comparações baseadas em textos do Antigo e do Novo Testamento.

Desde os conceitos filosóficos de Aristóteles aos ensinamentos da fisiologia humana, tudo a sua erudição abrangia, em rara elegância de linguagem e invulgar conhecimento.

Falando das aves, das flores, dos astros, das pedras preciosas, sua imaginação tecia rendilhados remígios de poesia, parecendo mais um literato que austero escravo da disciplina franciscana.

Proferindo verdades, duras às vezes, ninguém reagia, ofendido.

Ao contrário, os culposos sentiam-se tocados pela magia das expressões, e arrependiam-se, curvados ao jugo espiritual dos ensinamentos e admoestações.

As prédicas feriam fundo as almas.

De toda parte vinham ouvi-las letrados e campônios.

E porque não houvesse mais templos capazes de conter tanta gente, Antônio, à semelhança do Cristo, pregava nos campos, ao ar livre, em tribunas improvisadas.

Desses sermões resultavam prodígios.

Certa vez, levados pela fama de Antônio, foram ouvi-lo 12 ladrões, que constituíam uma das perigosas quadrilhas de salteadores daqueles tempos.

Terminada a prédica, estavam conversos e arrependidos, e a Antônio foram confessar as culpas e pedir conforto espiritual para as suas desassossegadas almas.

Em Pádua, uma das cidades do seu nome, Antônio falava a auditórios superiores a trinta mil pessoas.

Bispos, padres, freiras, nobres e plebeus, de toda parte, corriam para ouvi-lo.

Fechavam-se as tendas de comércio.

E Antônio era escutado por todos, no meio de silêncio quase incrível, diante de tanta gente reunida.

É que os Espíritos irradiavam a voz do médium, tanto assim que uma senhora, estando proibida pelo esposo — incrédulo — de assistir a uma dessas pregações, e achando-se a chorar, debruçada à janela da casa, ouviu, entre assustada e cheia de júbilo pela revelação de forças estranhas, todas as palavras que Antônio proferia no púlpito, erguido a quase meia légua de distância.

Hoje, esse fato espírita é comum e repetido em várias ocasiões; mas, naquele tempo, assombrava, não tinha explicação, era tido por milagre de santo...

Nas prédicas, dizia Antônio palavras de crítica e censura que ninguém ousava proferir sem correr os riscos mais graves, expor-se a iras temíveis.

Brevíssimos trechos darão disso clara idéia, e do que fazia assunto dos sermões:

"Os sacerdotes do nosso tempo, uns verdadeiros comerciantes, estendem as redes da sua avareza no Tabor excelso do altar, com o fim único de amontoarem dinheiro, pois que celebram o sacrifício da missa exclusivamente com o lucro da respectiva esmola. Se esta não os ressarcisse e locupletasse, não celebrariam talvez nenhuma. E assim convertem eles o sacramento augusto da salvação em objeto mercantil de avareza."

Mas não era só contra os padres que proferia destas verdades.

Eis o que tocava diretamente aos mais altos:

"O bispo dos nossos tempos é como Balaam, montado na sua burra, que não chegou a ver o anjo que impressionara a célebre asinina. Balaam simboliza aquele que extingue a fraternidade, perturba as nações ou devora o povo. Assim, o bispo enfatuado é uma individualidade inútil, perniciosa, pois precipita, com o seu exemplo, a fraternidade dos fiéis nas ilusões do pecado, em seguida na voragem do inferno; como insipiente, a sua ignorância perturba a sociedade e a sua avareza arruína o povo... O prelado hipócrita, seduzido pela glória temporal, esquece que os desejos mundanos suplantam os bons afetos, e que os assaltos do demônio oprimem seus súditos. É desumano para com os fiéis, como se eles não fossem quase seus filhos. Como ele é mercenário, não se abeira da sua pessoa nenhuma das suas ovelhas. Estes avarentos e simoníacos de hoje saltam e folgam, como feras, na Igreja do Cristo... Os detratores e aduladores ululam medonhamente, como as corujas de noite, na ausência de quem caluniam...

Os gulosos e sensuais, como as sereias, pervertem a sua alma e vitimam a sua existência... seduzindo aqueles que vão precipitando consigo no mar da condenação eterna. E eis aqui, com esta enorme aluvião de vícios, como a Igreja de Deus se transforma em espelunca de ladrões, e a consciência do homem em antro de demônios..."

E não o dizia de longe, escondendo-se na distância desses poderosos de quem falava.

Em um sínodo, convocado pelo arcebispo de Bourges, Simão de Sully, em 1225, Antônio atacou fundo os vícios e descarnou, tão eloqüentemente e à luz do Evangelho, as mazelas daquele prelado, que este chorou, e, finda a reunião, abriu a alma ao pregador que tão bem soubera ler no âmago da consciência culpada...

Outro, que não fosse médium, e muito assistido pelos Espíritos, não o teria feito impunemente.

Muitos fatos daquela época mostram que falar contra os poderosos do clero, era buscar a perseguição e a morte...

Mas não era só contra o clero que Antônio despejava as flechas mediúnicas da sua palavra inspirada pelos Guias do Espaço.

Transfiguração

Ecelino, tirano de Pádua, III desse nome e genro de Frederico II (imperador da Alemanha), e que tantas guerras fez e tantas guerras sofreu, mandara proceder, em meado de 1230, a várias execuções em Verona, onde então residia, fazendo vítimas entre os guelfos, partidários do papa.

Soube-o Antônio, e, solicitado pelos paduanos temerosos de novas violências, foi diretamente ao palácio do déspota censurar-lhe tão grande crueza.

Depois de atirar-lhe em face as ferocidades e injustiças do poder que exerce, disse: "Inimigo de Deus, tirano cruel, quando acabarás de derramar tanto sangue de cristãos inocentes? Não esqueças que a duríssima e espantosa sentença de Deus cairá sobre ti!"

Os que rodeavam o malvado, mudos de assombro diante daquelas palavras (que um rei não teria tido ânimo de proferir diretas a Ecelino), pensaram ver cair Antônio, trespassado pelo punhal, e prontos haviam já os gládios para retalhar-lhe o corpo.

Mas, admiração das admirações, Ecelino ouvia calado a inspirada admoestação do grande médium.

E, fitando Antônio, sentiu verdadeira revolução no íntimo da alma; seu rosto acusou todas as metamorfoses dos sentimentos recônditos, e, vencido, curvou-se às palavras do acusador, confessando as faltas e prometendo obedecer àquela voz mais forte que o poder das tiranias terrestres.

E, quando se retirou Antônio, Ecelino, para responder ao pasmo dos áulicos, teve de narrar que vira transfigurar-se o rosto do frade, iluminado por uma claridade, por um resplendor que o transformara e o fizera parecer uma visão divina.

E, ou porque se refizesse da impressão recebida ou porque temesse a incredulidade, a zombaria dos seus mavórticos cortesãos, para experimentar o caráter, a sinceridade de Antônio, resolveu mandar a este riquíssimo presente, recomendando aos servos a maneira de proceder: — "Se ele aceitar a dádiva, matai-o; se vos expulsar, indignado, sofrei tudo com paciência e voltai sem nada responder", disse Ecelino.

Antônio, que era verdadeiro médium, incapaz de receber propinas de quem quer que fosse, encheu-se de cólera e nojo, ele que era mansueto e piedoso, e correu os servos do tirano, bradando-lhes: — "Ide-vos, e levai esse fruto de rapinas e de perdições; ide-vos, para que esta casa não se desmorone ou fique poluída com a vossa presença."

Sabendo disto, Ecelino disse: — "É um homem de Deus. Deixai que diga, dora em diante, contra nós, quanto quiser."

Quem conhece a História precisamente daqueles tristes tempos de despotismo e terror, compreenderá que somente a assistência dos Espíritos podia preservar Antônio do castigo, que caía inexorável sobre quantos tinham o atrevimento de erguer a voz contra a camarilha de Frederico II, potentados e viciosos, dominadores sem fé e sem lei.

⁂

Antônio foi além, venceu os seus próprios superiores hierárquicos, ante o poderoso papa Gregório IX.

Sabe-se que a Santa Sé havia, então, atingido o auge do fastígio temporal.

Inocêncio III, um próximo predecessor de Gregório IX, fora o protetor da Ordem de Francisco de Assis e a fizera aprovar no 4º Concílio de Latrão, em 1215, a despeito da proibição que ele, papa, havia decretado para criação de novas ordens religiosas.

E tanto haviam prosperado os franciscanos, em prestígio e número, que pouco tempo depois, em 1219, eram, só na Itália, 5.000, afora 500 noviços.

Prestigiado por essa gente toda, dentro da Igreja; dispondo de forte apoio de alguns testas coroadas, o papado era árbitro da vida de muitas nações, e da sua palavra e resolução não havia para quem apelar, salvo lutas de conseqüências sangrentas, que importavam em avultados dispêndios e perda de milhares de existências humanas.

O monarca excomungado pelo Vaticano era um réprobo, e só se reabilitaria, vindo humilhar-se, como o fizeram muitos, aos pés do sumo-pontífice.

E, porque era assim poderoso, o papa ia cada vez mais abusando do seu poder.

Inocêncio III, aliás um homem que demonstrou dons de muito valor e tino político e diplomático, fez decretar: 1º, a confissão obrigatória; 2º, o dogma da transubstanciação, isto é, da presença do corpo de Jesus na hóstia; 3º, a obrigação de os príncipes exterminarem os hereges nos seus territórios; 4º, a repressão do casamento ainda existente no clero menor; isto sem falar nos alicerces da Inquisição, que lhe deve o início, o fundamento.

Tais coisas, é claro, levantaram e acirraram divergências e tornaram sanguinolentas as lutas religiosas entre ortodoxos e dissidentes.

Sem descer a maiores detalhes, basta salientar, entre os rebeldes que se mostravam mais intransigentes, os albigenses (da cidade de Alby, França), predecessores dos protestantes, pois negavam a concessão do batismo às crianças, as indulgências, etc.

De como se reprimiam os heréticos, dá idéia a tomada de Béziers, no Languedoc, pelos cruzados ao serviço e direção do papa.

Guiados e assistidos pelo delegado do soberano pontífice, esses fanáticos trucidaram nas ruas e nas casas 20.000 franceses, sem incluir mais 7.000 que se haviam refugiado nas igrejas.

Um soldado perguntou a Arnold, representante do papa, como havia de distinguir os hereges dos que o não eram; e o enviado de sua santidade pontifícia respondeu: — "Vai matando a todos, porque Deus depois reconhecerá quais são os seus!"

Pois bem: Gregório IX subiu ao trono do Vaticano nesse tempo, e ainda fez mais.

Ampliou a Inquisição, em 1233, entregando-a aos frades dominicanos, e decretou penas severíssimas contra os dissidentes da Igreja romana que não acreditassem na presença do corpo de Jesus-Cristo na hóstia; que negassem a existência do Purgatório; que condenassem a venda das indulgências, e outros erros da cúria.

As penas eram: para os que abjurassem e se arrependessem, prisão perpétua; para os que não se convertessem, fogueira.

Não foram poucas as vítimas; e, se não avultou o número, deve-se à ação dos pregadores, principalmente aos franciscanos, que eram notáveis por muitos títulos.

Em suma, Gregório IX, herdando a supremacia do papado, fez tudo para aumentá-la, e tais lutas acendeu, com a sua própria ação, extorquindo impostos e organizando cruzadas, que teve de fugir de Roma, onde, registre-se, havia muitos dissidentes, de que estava cheia a Itália, havendo lugares, Florença por exemplo, em que os hereges constituíam um terço da população.

Diante desse homem, que fazia tremer imperadores e reis, Antônio compareceu um dia.

O caso foi este: Depois de morto Francisco de Assis, frei Elias, assumindo a direção geral da Ordem, interinamente, entendeu alterar os Estatutos da mesma, os quais, aliás, já vinha fraudando.

Ilustrado e erudito, entendia ser tolice, prejudicial ao prestígio da Ordem, o voto de pobreza.

E começou a angariar dinheiro, comer bem e beber melhor, a andar montado em ótimos animais.

Embora muitos frades fossem contrários a essas coisas, escandalosas ante o rigor do Regulamento, ninguém teve ânimo de falar contra elas, pois sabiam as conseqüências.

Ninguém, exceto Antônio (e outro frade, inglês de origem, frei Adão).

Não tardaram as perseguições e a celeuma, acusando os dois frades de lançar a discórdia no seio da comunidade.

Antônio apelou então para o papa, e diante de Gregório IX, protetor da Ordem, acusou o superior, frei Elias, que fora muito ligado a Francisco de Assis, o fundador do Instituto.

Convocado o Capítulo Geral para Roma, aí, face a face, Antônio falou, verberando o poderoso e protegido frei Elias, quanto à ganância, à riqueza, ao conforto, contrários à pobreza do Cristo e do fundador da Ordem.

E Gregório IX, diante do qual ninguém erguia a voz, e que era rico e orgulhoso, sobre cuja cabeça caíam muitas das palavras de Antônio — cedeu, subjugado ao poder da palavra do médium — em que fosse destituído o geral interino da Ordem, revogando assim as suas próprias licenças, e elogiou Antônio, a quem chamou *Optimo doctor, Arca do Testamento*, e o nomeou Pregador e lhe deu o título de Leitor Geral, e o desligou das obrigações conventuais para que se ocupasse da salvação das almas!

Quem, conhecendo os fastos do século XIII, duvidará do assombroso deste caso, e deixará de reconhecer que só os poderes do Alto teriam força para operar tão grandes coisas?

O erudito padre Leopoldo de Chérancé (O. M. C.), autor de uma excelente monografia, *Saint Antoine de Padoue*, contesta todos os incidentes atribuídos a divergências entre frei Elias e Antônio de Pádua, acrescentando que o Geral da Ordem Franciscana, à época, não era aquele frei, e sim João Parenti.

Segundo afirma, a propósito de tal querela, os episódios narrados pelos vários autores "são uma invenção e uma interpolação do século XIV".

A *Enciclopédia Teológica*, publicada pelo abade Migne, vol. XL (*Dicionário Hagiográfico*, A-I, Paris, 1850), diz, a fls. 221/2:

"Elias de Cortone, que foi o Geral após a morte de S. Francisco, deixou introduzirem-se abusos graves, que eram de natureza a arruinar inteiramente as Constituições fundamentais da Ordem.

Suas inovações haviam já tornado quase desconhecida a obra de S. Francisco.

Seu gosto pelo fausto e pompa do século, o luxo que ostentava, o desprezo acintoso pela pobreza, escandalizavam a maioria dos religiosos; mas, uns aplaudiam pelo respeito humano, e o temor fazia calar os outros.

Antônio, que era então provincial de Bologna, e Adão de Mariscot elevaram corajosamente a voz contra esses abusos; porém injúrias, ultrajes e maus-tratos foram a recompensa de tal zelo.

O Geral, de acordo com vários provinciais, ordenou que ambos fossem encerrados em suas celas, perpetuamente, e a sentença estava para ser executada, quando conseguiram salvar-se.

Transportando-se a Roma, dirigiram-se ao papa Gregório IX, que os recebeu com bondade e escutou suas queixas.

Em seguida, mandou o papa citar Elias a comparecer à sua presença, e achando-lhe a culpa de tudo quanto era acusado, destituiu-o da função de Geral da Ordem."

É difícil acreditar ou admitir que em publicação de tal tomo houvessem acolhida informações completamente falsas, as quais resistissem a seis séculos de decurso, sem retificação, dúvida ou pesquisa no sentido de ressalvar os créditos da então prestigiosa Ordem.

A verdade, porém, é que à morte de São Francisco de Assis (em outubro de 1226), frei Elias, na qualidade de Vigário, assumiu as funções de Geral interino da Ordem, e, em tal investidura, assinou as circulares convocando o Capítulo para maio do ano seguinte, a fim de ser eleito o substituto do fundador falecido.

A esse tempo, frei Elias já estava decaído no conceito dos seus pares, devido aos abusos e excessos notórios, contrários aos mais elementares preceitos das regras franciscanas.

Apesar disso, candidatou-se a sucessor de S. Francisco de Assis.

Pois, precisamente nesse interregno, em março de 1227, Antônio chegava a Roma, a fim de avistar-se com o papa, desempenhando-se de missão *confidencial*, delegada por seus pares de Itália e França.

Tudo leva a crer que, desse entendimento com o sumo-pontífice, resultasse o fracasso da candidatura de frei Elias, e daí a fúria manifestada por ele, frei Elias, a propósito da trasladação do corpo de S. Francisco, da jazida provisória na Igreja de S. Jorge, para a basílica que em sua honra fora levantada, ainda que só em 1230 ficasse concluída.

Às vésperas da trasladação, fixada em Breve pontifício e à qual o próprio Gregório IX prometera assistir, frei Elias procurou as autoridades de Assis, e, alegando temor de serem as relíquias do santo arrebatadas pela grande multidão que se reuniria, conseguiu fazer às ocultas, sob a proteção de archeiros, a mudança do corpo.

Escusado será dizer do escândalo e revolta que tal procedimento causou em todos os círculos eclesiásticos, pois o cerimonial se verificou com ausência do primacial elemento das pompas funerárias — o esquife do sufragado.

Fechando este rápido reparo à afirmativa do erudito padre Chérancé, uma pergunta lógica se impõe: — Se frei Elias não estivesse na direção dos assuntos da Ordem, teria podido obter das autoridades as providências dadas, o auxílio da força pública, e mesmo a possibilidade de retirar o corpo de onde estava, sem oposição dos demais frades?

Não estará esse procedimento demonstrando o feitio moral desabusado de frei Elias, passível da punição que Antônio de Pádua contra ele obteve de Gregório IX?

João Parenti, referido pelo padre Chérancé, eleito Geral da Ordem, só o teria sido depois disso, no Capítulo convocado especialmente para maio de 1227 — o qual, segundo se lê em alguns narradores, se realizou em Roma, por ordem do papa.

Não é difícil conjeturar que, baralhadas as datas tão próximas, procurassem os maiorais da Ordem suprimir o período de governo de frei Elias, tentando assim apagar o péssimo efeito produzido pelo escandaloso dissídio que explodia algumas semanas após a morte do modelar instituidor da Ordem.

Aliás, não seria a primeira vez que historiadores religiosos procuram desmentir ou esconder acontecimentos realíssimos, no intuito de limpar a tradição ou o bom nome de indivíduos e instituições, que se macularam com a prática de atos atentatórios aos preceitos mais sagrados dos respectivos credos e ritos.

E, bem pensando, não se lhes pode querer mal por isso, de vez que esse recurso ardiloso não destrói a verdade, nem tem força para modificar a convicção dos que investigam a expensas da sua própria inteligência.

Transporte

Antônio transportava-se facilmente de um para outro lugar, em Espírito.

Quando frade praticante, tinha assinalado no cântico das matinas conventuais a sua lição de custódio.

Em uma quinta-feira santa, pregava ele na Igreja de S. Pedro Quadrívio, em Limoges, França, precisamente na mesma hora em que seus colegas cantavam as matinas solenes em seu convento.

Quando chegou o ponto em que o ausente devia entoar a sua parte, eis que Antônio, ficando imóvel no púlpito do templo, apareceu entre os frades, cantou a lição que lhe cabia, e, desaparecendo, animou novamente o corpo na tribuna sacra e prosseguiu o sermão.

De outra vez, pregava numa festa solene, de grande pompa, na hoje igreja matriz de Montpelier, também na França, quando se lembrou de que tinha de cantar a — Aleluia — no ofício solene que, consagrado ao santo do dia, se estava celebrando em seu convento.

Curvando-se sobre o púlpito, interrompeu o sermão, e surgiu no meio dos frades, cantou a sua parte no coro e, feito isso, ergueu-se de novo na tribuna da igreja e terminou a prédica.

Vidente

A vidência de Antônio estava intimamente ligada às manifestações de toda espécie.

Graças a essa faculdade mediúnica, ante os olhos da alma chegavam-lhe os fatos na plenitude da sua verdade e exatidão.

Em Brive, França, colegas, que haviam terminado as orações vespertinas, vieram dizer-lhe, certa ocasião, que o campo vizinho, de um devoto do convento, estava sendo danificado por vários vultos, que arrancavam as plantações.

Antônio, que orava em grande concentração, teve a vidência de que eram Espíritos zombeteiros que, aos olhos dos frades, pareciam homens a destruir a roça, e respondeu: "Não vos inquieteis, irmãos, e voltai às vossas orações; não farão dano algum."

E porque fosse noite, os frades, que haviam visto o caso, ficaram, não muito convencidos, à espera da nova aurora.

E quando amanheceu o dia, verificaram, com espanto, que as plantações da véspera — aos seus olhos destruídas — estavam intactas, sem o menor sinal de haverem sido tocadas.

Efeitos Físicos

Os Espíritos que assistiam Antônio na sua missão de evangelizador concediam-lhe aquela excepcional eloqüência, tão fora do comum, que Gregório IX admirara; mas, às vezes, tornavam suas vitórias mais vultosas, dando lugar a fenômenos que vencessem os incrédulos presentes e servissem para a conversão de outros, ausentes.

Alguns ímpios, em Rimini, Itália, convidaram Antônio para jantar em sua companhia.

Estes homens duvidavam da verdade do Evangelho, e, para experimentar a exatidão das palavras bíblicas e a força da Fé, que Antônio tanto enaltecia, envenenaram a comida.

Antônio, observador fiel daquele preceito do Cristo, que se assentava à mesa com os pecadores — porque "não viera curar os sãos, nem chamar os justos" (Mateus, 9:12-13), acedeu ao convite e foi.

Avisado, porém, pelos Espíritos seus Guias, de que a comida fora envenenada, Antônio os repreendeu brandamente por aquele ato e lhes perguntou: — "Por que concebestes esta malícia e me fizestes esta traição?"

E um respondeu: — "Não o fizemos por mau intento, mas apenas para experimentar a verdade daquelas palavras do Evangelho que dizem, quando o Cristo apareceu na mesa aos discípulos: — "Ao que crer, nenhuma beberagem mortífera fará mal" (Marcos, 16:14-18). Antônio começou a orar.

E um outro, julgando-o temeroso, acrescentou: — "Se este manjar não vos fizer dano, acreditaremos; se não o quiserdes comer, é porque existem palavras falsas nas Escrituras."

Antônio então lhes disse: — "Jesus ensinou que não se deve tentar o Senhor (Lucas, 4:12).

Isto que me pedis, eu o faço, não para tentar a Deus, mas para provar a Fé, e para que conheçais a Verdade do Evangelho."

E comeu o manjar envenenado, e nada sentiu, nem o atormentou no corpo.

E ganhou todas aquelas almas, mostrando-lhes que acima da peçonha material estão outras forças reveladas por intermédio da Palavra Divina.

Transporte e Materialização

O pai de Antônio, súdito com foros de nobre de Lisboa, tratara diversos assuntos del-rei e prestara de todos eles as devidas contas, inclusive de dinheiros que recebera, mas esqueceu a precaução de exigir as devidas ressalvas e recibos.

Poucos dias depois, vieram, da parte do monarca, pedir-lhe prestação de contas e, não tendo D. Martim como provar o que fizera, suspeitaram-no.

Aflito, pois os desonestos homens negavam os recebimentos, o pai de Antônio foi para casa verdadeiramente angustiado.

E sob o império dessas penosas impressões estava, quando disse: — "Pobre de mim, que não tenho um filho, parente, nem amigo para valer-me nesta situação!..."

Nisto, à porta chamaram-no, e ele, julgando tratar-se de enviados da Justiça Régia, foi à Câmara da Cidade, onde devia dar as definitivas alegações aos oficiais del-rei.

Mas, ali chegando, antes que pronunciasse qualquer palavra, surgiu Antônio — *que estava na Itália*, em Milão — e relatou àqueles homens de má-fé todos os detalhes do que fizera o pai, minuciando o local, hora e espécie da moeda em que lhes havia sido feita a entrega das quantias devidas.

E assim voltou reabilitado para o lar o velho Martim de Bulhões, agradecendo e louvando a Deus por aquele filho que o salvara.

Outro fato, verdadeiramente de *Materialização*.

Um amigo e vizinho do pai de Antônio matou, por inimizade, certo moço de importante família e escondeu o cadáver no quintal da casa de Martim de Bulhões.

Feitas as pesquisas e achado o morto, foi o pai de Antônio envolvido no processo e condenado à morte, como sendo cúmplice, juntamente com os autores do crime.

Antônio pregava em Pádua, quando foi mediunicamente ciente do ocorrido, isto é, de que o pai ia ser decapitado.

Antônio cessou de falar. Seu corpo, arrimando-se no púlpito, imobilizou-se, dando a impressão de estar dormindo.

E apareceu em Lisboa, no adro da Sé, onde tivera sepultura o assassinado, e aí deteve o cortejo da Justiça.

E, chegando junto à cova do morto, materializou o Espírito da vítima, fazendo-o narrar toda a verdade do crime, sem omitir uma peripécia.

O espanto foi inenarrável, pois todos *viram* o defunto erguer-se da tumba, e, finda a narrativa, cair "morto" outra vez!

Mas, o extraordinário livramento do velho Martim de Bulhões não produziu só esses pasmos, porque, Antônio, quando continuou a prédica interrompida — *em Pádua* —, pediu desculpas pelo demorado intervalo, contando como fora e conseguira salvar o genitor.

E os que não acreditaram tiveram a confirmação do caso, quando chegaram as informações pedidas para Portugal.

É certo que se conta também de modo um tanto diferente — nos pormenores — este acontecimento; porém é fora de qualquer dúvida que ocorreu, e havia mesmo, em Lisboa, uma rua cujo nome estava ligado ao caso, chamada – Rua do Milagre de Santo Antônio.

A quantos duvidam — falta confiança, fé, a certeza das realidades prometidas pelo Cristo e reafirmadas pelos grandes médiuns, que continuam, através dos tempos, a grande cruzada pelo aperfeiçoamento das criaturas da Terra. Praticamente, poucos acreditarão que o dom mediúnico possa materializar o Espírito de um assassinado, que venha à Justiça dos homens apontar o nome do criminoso.

Parecerá aos cépticos e aos pouco sabedores da doutrina dos Espíritos que o caso de Antônio de Pádua, livrando o genitor da acusação de cúmplice num crime de morte, só poderá ter realidade sob a forma de milagre, quando um santo, pelas graças celestes, obrigue o Espírito a sair do túmulo para falar em defesa do acusado.

Assim não é. Os médiuns da estirpe de Antônio de Pádua podem atrair e provocar a materialização; mas, qualquer outro, possuindo os fluidos necessários à produção do fenômeno, dará lugar à materialização *Espontânea*.

Em Araranguá, Estado de Santa Catarina, foi, há tempos, assassinado um laborioso rapaz, de nacionalidade alemã, muito benquisto por todos os da cidade. O roubo foi o móvel do crime.

Dias depois, uma jovem, de absoluta idoneidade, filha adotiva da família do Sr. Manuel Emerino, cidadão muito considerado, pela nobreza do caráter, começou a ter visões do assassinado, Johann Freundel, que não conhecera pessoalmente, mas de quem a morte muito a impressionara, pelas circunstâncias hediondas em que fora praticado o crime, pois o assassino, além de degolar a vítima, crivara-a com cerca de cinqüenta facadas.

Afinal, o Espírito *materializou-se* e falou, em alemão, idioma ignorado da jovem e de todas as pessoas da casa.

No dia imediato, depois de narrado o fato, que foi atribuído a mero sonho, a mocinha sentiu-se triste, para cair depois em transe, começando a falar alemão.

Chamada, para intérprete, pessoa que entendia esse idioma, verificou-se tratar-se do Espírito de Johann Freundel, que apontou o seu suspeitado assassino, Natalício Américo, narrando também, detalhadamente, todas as circunstâncias do latrocínio.

⁓

Em geral, as narrativas dos feitos extranormais operados por Antônio de Pádua ou de Lisboa não podem abranger todos os detalhes que precederam tais manifestações mediúnicas, pois, servindo apenas para comprovar cada uma das faculdades espíritas de que era dotado, tornar-se-iam enfadonhas se acrescidas de minúcias prolixas.

Apesar de ter vivido só 7 lustros, pois desencarnou aos 36 anos de idade incompletos, encheu as crônicas de três países com as manifestações da sua mediunidade excepcional, e pode-se dizer que poucos, raríssimos Espíritos têm baixado à Terra trazendo essa riqueza de força mediúnica.

Afinal, Antônio, sentindo-se enfermo, depauperado, retirou-se para o campo e aí, em curto período de tempo, piorou e morreu, em Arcela, aos 13 de junho de 1231.

Seus últimos momentos no mundo terreal foram edificantes, cheios das mais suaves vidências, pois os Espíritos o rodearam e fizeram deixar o corpo sem sofrimentos físicos.

Diz a tradição que os frades, talvez prevendo as lutas que surgiram para o sepultamento, ocultaram a morte de Antônio; mas os Espíritos espalharam a notícia, de modo que as crianças, nas ruas de Pádua, à hora da desencarnação, começaram, por intuição, a gritar: "Morreu o frade santo! Morreu o santo Antônio!"

Enormes, como se sabe, foram as dificuldades e lutas que precederam, durante dias, o sepultamento do decomposto cadáver, tendo sido necessária a intervenção do poder público para dirimir e aplacar as violências populares, que chegaram ao extremo de combater com a tropa que as autoridades haviam destacado para garantir o convento, invadido e desrespeitado, isso sem falar em várias assembléias celebradas pelo clero e pelas populações de vários locais, que se atribuíam razões, direitos e preferências para possuir definitivamente aqueles míseros restos de matéria putrefata, que haviam abrigado o luminoso Espírito de um grande médium.

Sinal iniludível do seu trespasse deu-o Antônio a um famoso teólogo, Dr. Tomás Galo, abade de Vercelli, de quem era muito amigo, vindo ao convento dele despedir-se imediatamente à desencarnação, e mais notável porque o visitado julgou que Antônio estava vivo e viera anunciar uma viagem a Portugal, pois o Espírito disse: — "Sr. abade, acabo de deixar o meu pobre corpo junto de Pádua e agora me dirijo rapidamente para a Pátria."

&

Depois de regressar ao Espaço, Antônio operou prodigiosos fatos espíritas.

Onde houvesse um aflito cheio de Fé, ou um incrédulo a quem fosse preciso tornar crente, aí estava Antônio, dando as mais positivas manifestações da sua presença e ação.

E tão multiformes foram as demonstrações, que a crendice popular, como sói acontecer, conseguiu introduzir na tradição maravilhosa do taumaturgo muitas abusões e disparates, da força da conhecida oração casamenteira, que permite às moças pedir lhes seja dado um marido velho e rico, que viva pouco tempo e lhes deixe a fortuna, a fim de que possam casar com outro — jovem do seu agrado.[1]

A verdade é que, onde se invocasse — com sincera e fervorosa confiança — ou cultuasse a sua memória, Antônio comparecia.

Quando, tempos depois de seu trespasse, Pádua foi liberta do jugo de um preposto do despótico Ecelino, tão malvado e sanguinário quanto o outro o fora para sua querida cidade, Antônio preanunciou o feliz acontecimento aos frades que lhe faziam vigília ao túmulo, por ocasião da comemoração aniversária da data de 13 de junho.

Aqui mesmo, no Brasil, em Pernambuco, ao tempo da invasão dos holandeses, no Engenho do Meio, onde havia capela a ele consagrada, Antônio de Pádua por duas vezes deu aviso de perigo ao proprietário, João Fernandes Vieira, graças aos quais resguardaram-se de assaltos, pois quando

---

[1] "Gloriosíssimo Santo Antônio, por amor de Deus Padre, Deus Filho, Deus Espírito Santo, três pessoas distintas e um só Deus verdadeiro, e por amor da Santíssima Virgem Maria, a quem tanto amastes, e com muito cuidado desde menino servistes, intercedei por mim. (Aqui deve declarar o nome do noivo que deseja, declarando a nacionalidade, se português, se brasileiro, etc., se quer velho rico, que viva pouco tempo, e a deixe rica, para depois casar com um rapaz, etc.) E assim possa eu com pensamentos, palavras e obras dizer e clamar – Viva Nosso Senhor Jesus-Cristo e sua Mãe Santíssima. Amém."

(Este típico e incrível despautério religioso está incluído no livro do católico e entusiástico reverenciador, Manuel Bernardes Branco, *O Padre Santo Antônio de Lisboa*, edição da Livraria Tavares Cardoso, Lisboa, 1887, pág. 247.) Manuel Bernardes Branco morreu louco.

aqueles atacaram a fazenda não mais encontraram a gente e haveres que contavam abater e pilhar.

Há outros casos celebrizados, inclusive o de uma senhora, malcasada, que, sofrendo espancamentos do marido, resolveu suicidar-se, certa noite de ausência do seu algoz.

Na ocasião em que a pobre esposa preparava a corda para enforcar-se, Antônio apareceu, materializado, e lhe deu salutares conselhos sobre a virtude e a resignação, tocando-lhe a alma e fazendo-a abandonar a sinistra idéia.[1]

E, saindo dali, Antônio apareceu também ao mau marido e fê-lo ciente da desgraça que semeara no próprio lar, com o péssimo proceder.

E o transviado esposo, chegando a casa, no dia seguinte, e sabendo da verdade, que a ex-suicida não teve coragem de negar, arrependeu-se, e foi, daí em diante, ótimo marido.

Dois, entre outros muitos acontecimentos congêneres, mostram quanto Antônio procurava, mesmo do Espaço, converter incrédulos.

Um cavalheiro de Salvaterra, chamado Adelardino, visitando Pádua, ouvia, sentado à mesa com várias pessoas amigas, narrar casos sobre Santo Antônio, fatos que disse serem fábulas.

---

[1] Veja-se no apêndice o título — "A missão da mulher".

E, pegando um copo, assim falou: — "Se Santo Antônio aparar este copo, para que não se quebre, acreditarei."

E atirou, com violência, pelo alto, o copo.

Apesar disso, porém, o objeto caiu no chão, com estrépito, é certo, mas intacto.

E Antônio fez assim mais um convertido.

Em torno de outra mesa, certa vez, zombava-se dos poderes de Santo Antônio.

Um dos convivas, mais céptico, apanhou galhos secos de videira e um copo, dizendo:

— "Se Santo Antônio fizer uvas a estas videiras, para encher este copo, então, acreditarei no que contais."

E, à vista daquela gente, os ramos criaram uvas, que, espremidas, responderam ao desafio lançado aos Espíritos.

E o copo foi cheio, e o descrente vencido.

༺༻

Mas, por que razão é o chamado Santo Antônio tão pouco conhecido sob este aspecto?

Porque, desde muito tempo, certos escritores compreenderam o perigo existente na divulgação dos fenômenos produzidos por Antônio, nos quais está claramente revelada a manifestação dos Espíritos.

Mesmo em livros célebres e vulgarizados, essa campanha de silêncio em torno do grande médium que foi Antônio se verifica.

Dante, no canto XII do Paraíso, na *Divina Comédia*, traça o panegírico da Ordem dos franciscanos e cita copiosos vultos da Igreja; faz mesmo falar o Espírito de S. Boaventura, elogiando fartamente a grei dos dominicanos, mas não tem uma única palavra para Santo Antônio, embora cite ali um nome português, de efêmera passagem pelo pontificado, o papa João XXI.

Este silêncio quanto ao nome do notável médium é assinalável em escritores de outro gênero, até mesmo em livros de caráter meramente didático.

A *História da Igreja*, do abade Postel, obra adotada no ensino de colégios e seminários, não consigna a menor referência sobre Antônio, a despeito de ter sido — fora do ponto de vista mediúnico —, isto é, no conceito da própria Igreja considerado vulto de excepcional relevo.

A este propósito, convém lembrar que o padre Antônio Vieira lhe consagrou — nove — dos seus admiráveis sermões, verdadeiros monumentos de eloqüência, beleza e dialética, dos quais a vida do invejável taumaturgo emerge mais engrandecida, pela citação de trechos empolgantes, pelo emoldurado dos milagres, paramentados com a ilustração verbal, que arroubos de oratória genial imortalizam, em apoteoses de expressões inexcedidas em formosura e erudição.

Só esses panegíricos bastariam para consolidar a fama de qualquer grande orador.

O erudito Embaixador José Carlos de Macedo Soares, em edição primorosamente impressa e ilustrada, e sob o título — *Santo Antônio de Lisboa, militar no Brasil*, divulgou um curioso aspecto de devoto culto oficializado, que deu ao taumaturgo português patentes militares, com soldo, desde soldado raso até coronel, em várias das então Províncias do Império. Na obra, que é notável modelo de arte tipográfica, ficou por esclarecer o ramo brasileiro dos Bulhões, também prováveis descendentes dos progenitores de Fernando Martim de Bulhões, por isso que nas atas do antigo Senado da Câmara desta Capital, coevas da nossa independência política, figurava, ao lado da assinatura de José Clemente Pereira, em postos de direção, um — *João Suares de Bulhoens*.

Gregório IX, que o conhecera pessoalmente, desde quando era cardeal, canonizou-o onze meses após a morte, em 1232 (enquanto que Francisco de Assis, o fundador da Ordem, só o foi quase dois anos depois da morte); Leão XIII chamou-lhe "santo de todo mundo".

Apesar dessa consagração aos insuperáveis dons espirituais do extraordinário taumaturgo, somente sete séculos depois um papa (Pio XII) o consagrou oficialmente *Doutor da Igreja*. Releva acentuar que o pontífice antecessor, Pio XI, a propósito das comemorações do 7º centenário do decesso de Santo Antônio, dirigiu eloqüente e extensa Carta-Apostólica a Mons. Dalla Costa, bispo de Pádua, datada de 1-3-931, associando-se calorosamente às celebrações em honra à memória do excelso lisboeta. (O vespertino *A Noite*, na edição de 13 de maio de 1931, publicou a íntegra do notável documento.)

O padre Carlos das Neves, no excelente livro que publicou por ocasião do 7º centenário[1] antoniano, registra o desprezo a que votaram as glórias do notável santo e a esse olvido podemos nós, os espíritas, acrescentar o nosso espanto — indagando por que Antônio de Pádua ou de Lisboa não é citado a cada momento, como tendo sido um dos maiores médiuns conhecidos, e por que também se lhe truncam importantes episódios da vida terreal.

---

1 As comemorações desse 7º centenário tiveram larga repercussão no Brasil, valendo mencionar, pelo alto e expressivo valor, o discurso-conferência pronunciado na Academia Brasileira de Letras, a 13 de junho de 1931, pelo erudito Dr. Afrânio Peixoto, que, tendo visitado a Basílica Antonina, em Pádua, deu interessantes detalhes de coisas que ali observou. Uma dessas curiosidades é a existência de confessionários para todos os povos onde haja católicos e que desejam ou saibam apenas falar o idioma pátrio. Ao alto de cada um desses confessionários está a respectiva tabuleta: Francês, Alemão, Tcheco, Sloveno, Russo, Grego (moderno), Holandês, etc., etc.

A tese do ilustre acadêmico reivindicava para o grande taumaturgo português a qualidade de **Homem de Letras**, fazendo-o emergir, no grau de notável intelectual, do exclusivismo milagreiro do beatério. E teve esta frase: "Há que se criar uma defesa dos santos contra os seus devotos."

E neste caso, *data venia*, não escapa ao reparo o próprio Allan Kardec, pois em *O Livro dos Médiuns* (10ª ed. da Federação Espírita Brasileira, 1925), narra o mestre ter Antônio salvo o pai da forca, estando este em Pádua e o santo... na Espanha!

Igual cincada histórica está consignada no *Hipnotisme et Spiritisme*, de Lombroso (tradução francesa, 1922, pág. 224), e até em Gabriel Delanne, o que vem provar a falta de conhecimento da História da Mediunidade através dos tempos anteriores e subseqüentes ao Cristo.

E as razões do silêncio em torno do grande médium aumentaram sempre e cada vez mais, depois que, nas sessões espíritas e fora delas, têm ocorrido casos idênticos aos provocados por Antônio de Pádua.

Pode-se, hoje, facilmente, colocar ao lado de cada uma das manifestações do festejado médium, dito santo, provas e mais provas de que todos os milagres de Antônio de Pádua ou de Lisboa são puras, legítimas e autênticas obras dos Espíritos.

Mesmo em confronto com o estonteante caso das videiras, que reverdeceram e geraram uvas, e produziram vinho, não é difícil encontrar acontecimento similar.

No *Relatório da Sociedade Dialética de Londres* (trad. francesa, ed. Leimarie, Paris, 1900, fls. 151) vem narrada, em resumo, uma sessão havida em casa de Miss Nicholl, a 3 de outubro de 1867, com a médium Mme. Guppy, durante a qual os Espíritos, declarando não convir ocuparem-se com a trivialidade de perguntas e respostas, ofereceram e materializaram, instantaneamente, vários frutos, figos, maçãs, ameixas, tâmaras, laranjas, sem falar, entre outras mais, em uma cebola, batata, limão e uma brasileiríssima banana, na mesma ordem em que haviam sido escolhidos pelos assistentes.

Isto, sete séculos depois do *milagre* das uvas, sem a presença de qualquer santo.

Dir-se-ia que forças desconhecidas ainda da ciência oficial agem de modo cada vez mais convincente, produzindo fenômenos irrecusáveis, apenas no intuito de chamar a atenção de todos os incrédulos, indiferentes ou adversos para os novos horizontes que o Espiritismo abre a quantos desejem instruir-se, de boa-fé e boa vontade, examinando, à luz do seu próprio raciocínio e bom-senso, a verdadeira significação dos fatos e teorias decorrentes.

O Espiritismo não quer impor-se a ninguém: apresenta os acontecimentos, os fenômenos, e deixa que cada um os julgue, entenda ou recuse.

O Espiritismo, ao contrário do que muita gente pensa, não condena religião alguma, nem ri das crenças de outrem, e menos excomunga quem quer que seja.

Onde estiver uma alma bem formada, temente a Deus, caridosa, incapaz de praticar o mal e de ferir os dez mandamentos da lei do Senhor, aí está um espírita legítimo, quer se diga protestante, católico romano, budista ou maometano.

Onde houver uma alma aflita, sofredora, invocando com fé sincera e com palavras saídas do íntimo do coração — o auxílio do Alto, aí estarão os Espíritos Superiores, operando os prodígios que as seitas não querem admitir senão por intermédio dos seus homens e dos seus dogmas.

Não é preciso ir aos templos para amar o Criador e pedir o Seu socorro, porque Deus está em todo o mundo e assiste, por Seus mensageiros, a todos os que têm Fé.

Basta que a criatura siga os preceitos da *verdadeira religião*[1], tão pregoada, defendida e exemplificada pelos fiéis seguidores do Cristo.

Não mais milagres, mas fatos positivos, que se verificam aqui, ali, acolá, embora não os expliquem as famosas leis das ciências positivas dos homens.

Ainda em 22 de maio de 1927, em Capanema, cidade bem próxima de Belém, capital do Estado

---

1 Veja-se no Apêndice esse título.

do Pará, certa família, das mais distintas do local e católica fervorosa, mandou celebrar no templo da sua religião, a expensas próprias, a cerimônia daquele dia do mês mariano.

E, para perpetuar a lembrança desse júbilo espiritual, desejou fosse tirada uma fotografia do altar, figurando entre as pessoas o reverendo padre celebrante.

Assim se fez.

Quando, porém, o fotógrafo, na câmara escura do seu atelier, revelou a chapa, viu, com indizível espanto, que, afora as cinco pessoas que haviam posado diante da objetiva da máquina, havia mais uma, que ninguém enxergara, ajoelhada ao lado do altar.

Quem era? Uma criatura já falecida, ligada intimamente ao digno e distinto casal que mandara tirar a fotografia![1]

---

1 Eis a notícia e reprodução fotográfica inseridas na *Folha do Norte*, diário de Belém do Pará, em sua edição de 22 de junho de 1927, e que não tiveram qualquer contestação.

A fotografia foi retirada, em 22 de maio de 1927, em Copanema, Estado do Pará. A direita: o padre José Maria do Lago, vigário da igreja; Targino Bezerra, comediante, e sua esposa, que nesse dia tinham a seu cargo e expensas as despesas de ornamentação do templo referentes ao culto do mês mariano. A esquerda, Antonio Cidrim, coletor estadual, e sua esposa, amigos e convidados especialmente para o ato. Ajoelhado junto do altar, o ESPIRITO MATERIALIZADO de Agostinho Meireles, falecido em conseqüência de morféia, e reconhecido por várias pessoas que privaram com ele até os últimos momentos

"SERÁ MESMO UM ESPÍRITO?

CURIOSO FENÔMENO REVELADO NUMA FOTOGRAFIA

Apresentamos aos nossos leitores uma fotografia, que há umas três semanas vem preocupando o espírito público na zona da via férrea bragantina, principalmente em Capanema, onde se deu o curioso fenômeno, que a mesma revela, conforme passamos a relatar.

Festejava-se, naquela localidade, o mês mariano. Cada dia a ornamentação da igreja ficava a cargo de uma das senhoras católicas do lugar.

Já nas últimas solenidades, coube a vez a D. Maria Vicência, esposa do Sr. Targino Bezerra, comerciante ali. Essa senhora, desejando guardar uma lembrança do seu dia votivo, convidou o Sr. Antônio Cidrim, coletor estadual de Capanema, e sua esposa, bem como o padre José Maria do Lago para num grupo tirarem uma fotografia em frente do altar-mor.

O fotógrafo, Sr. Joaquim Nunes, que também exerce naquela vila a profissão de barbeiro, bateu a chapa encomendada pela esposa do Sr. Targino.

Ao imprimir, porém, as fotografias, verificou, com justificada surpresa, um vulto a mais no grupo.

E todos os que examinaram a prova e a chapa, inclusive o padre José Maria do Lago, também retratado na fotografia, não sabem dar explicação plausível para o extraordinário fenômeno.

Daí atribuírem a materialização, no ato de ser batida a chapa, de um Espírito em cujos traços fisionômicos muitos julgam reconhecer uma pessoa há pouco tempo falecida e relacionada por parentesco a um dos presentes àquele ato".

Quem, diante de tão autêntica prova da sobrevivência do Espírito fora da Terra, ousará profanar o caso, dizendo, por exemplo, que houve fraude ou truque?

Quem poderá, em sã consciência, perturbar o Espírito sereno desse morto querido, que veio dar saudoso e verdadeiro testemunho da sua presença, pedindo um olhar para a verdade da sobrevivência da Alma e da vida dos Espíritos no Espaço, junto de todos nós?

E esses fatos se repetem e surgem a todo momento, pelo mundo inteiro.

Não há milagre que os Espíritos, pelos médiuns, não produzam em nossos dias.

Não há, pois, santos, no sentido feiticista do vocábulo; acreditemos, sim, nos Espíritos de Luz, que vêm ao mundo terráqueo para reafirmar, com os seus feitos, a permanente influência das energias cósmicas, de um Poder Supremo, da Inteligência Infinita, sobre todos os seres e todas as coisas.

Os milagres de Santo Antônio

Foram 53 os milagres que serviram de base para o processo de canonização do chamado Santo Antônio de Lisboa ou de Pádua.

Sem que importe ofensa à Igreja Católica Romana, não deixa de chamar atenção a circunstância de haverem esses milagres sido escolhidos exclusivamente entre aqueles operados depois da morte, salientando-se as curas de doenças, algumas atribuídas pelos crentes beneficiados às virtudes do túmulo, esqueleto, roupas e outras chamadas relíquias do santo, quando a vida de Santo Antônio foi toda pontuada de ações prodigiosas, ante as quais as curas em causa têm apoucada valia.

Assim agindo, parece, quis a Igreja afastar a idéia de que a simples invocação do Espírito de Antônio de Pádua era suficiente para operar esses milagres.

E, adotando tal critério, ficava implicitamente entendido e determinado ser necessário ir aos templos, colocar-se sob a proteção dessas *relíquias* (ossos e restos de panos) para obter os favores das curas e de outras coisas materiais.

A verdade, entretanto, é que não se faz preciso o contacto ou a proximidade da sepultura do santo, nem tocar as *relíquias* (trapos da vestimenta) para que o Espírito aja, do Espaço, em favor da criatura cheia de fé.

Mas esse apego feiticista dos crentes é difícil de desarraigar, porque os mentores, que deviam trabalhar para a espiritualização da fé, transigem com esse materialismo religioso, oferecendo aos crentes os elementos que mudam, do — Espírito imortal — para o corpo perecível, o poder, a força de realizar as maravilhas dos milagres cuja origem paira bem mais alto dos escassos metros de um altar.

Em 3-2-947, *A Noite* publicava ilustrativo clichê do ato de entrega de uma partícula de osso de Santo Antônio, dádiva remetida de Roma, do ex-núncio apostólico, Bento Aloísio Masella, ao vigário da igreja de Santo Antônio dos Pobres, nesta Capital.

E quantos consigam algum favor, ajoelhados ante a partícula óssea, continuarão ignorando que tal graça foi fruto da infinita misericórdia divina e não do pobre resto do esqueleto daquele que sempre ensinou a tudo esperar da onipotência de Deus, pois o que é da — terra — vem do pó e em pó se tornará. E o pó não faz milagres.

O que torna respeitável a veneração de tais chamadas — relíquias — é a sinceridade e a boa--fé que rodeiam todas essas manifestações de culto quase dogmático, pois, sem tal aceitação obediente, quiçá coubessem algumas vezes as palavras de Clemente XIV, o famoso e ilustre papa, em carta, datada de 17 de maio de 1751, ao bispo de Spoleto, que o consultara a propósito de — *Reliquie de Santi*. Escreveu o Sumo Pontífice:

"Para o verdadeiro Católico, dois escolhos são de evitar: primeiro crer demasiado, e o outro não crer tanto quanto baste. Se se devesse prestar fé a todas aquelas Relíquias que se exibem em todos os países, seria necessário muitas vezes admitir que um Santo houvesse tido dez cabeças e dez braços."

Ou no texto italiano: *Per chi è vero Cattolico, due scogli vi sono realmente da evitare; il primo di creder troppo, e l'altro di non creder tanto que basti. Se si dovesse prestar fede a tutte quelle Reliquie che si mostrano in tutti i paesi, bisognerebbe molte volte persuadersi che un Santo avesse avuto dieci, teste, e dieci braccia."* (*Lettere del pontefici Clemente XIV Ganganelli*, ed. rev. por Romualdo Zotti, Londres, 1829, vol. I, pág. 220.)

Todos os milagres feitos na encarnação terreal de Antônio de Pádua dão testemunho de que ele foi apenas um grande médium, e que, do Espaço, com a assistência e auxílio dos mesmos elevados Espíritos de Luz que o guiavam, poderá intervir em favor dos que mereçam a Caridade prometida pelo Mestre, Jesus.

Verdade é também que esse modo de cultuar os grandes vultos representava e ainda corresponde ao atrasado preconceito, que se tornou necessidade das criaturas, de materializar diante dos olhos a figura humana daqueles a quem queremos homenagear ou de quem pretendemos alguma coisa.

Durante largo período, várias foram as formas de representar Antônio de Pádua, tornando-se afinal mais vulgares as que o mostram, sem falar no feitio da vestimenta (da qual não se sabe ao certo o modelo), com Jesus-menino nos braços; tendo um livro na mão; empunhando a Cruz; sobraçando lírios; exibindo uma custódia (hostiário).

Mas, os que lhe gravaram a figura, em vários países, escolhendo o assunto à sua predileção, segundo o milagre ou acontecimento de relevo, o fizeram por 50 diferentes maneiras, e várias igrejas e conventos de Portugal e Itália se disputam a glória de possuir a verdadeira imagem do canonizado Antônio.

Entretanto, do mesmo modo que para atrair a bênção, o auxílio espiritual de um ente caro, irmão, pai ou mãe, ninguém precisa colocar-se diante do retrato do invocado; assim, os crentes deviam saber e acreditar que para conseguir a proteção dos santos — *que devem estar no céu* — não se faz mister a presença de imagem.

Uma elementar lógica nos leva a este raciocínio: se é o Espírito do santo que do Céu nos atende, inútil se torna a imagem, feita de pau ou pedra; se é a imagem que ouve a nossa voz e nos realiza as súplicas, não é preciso cultuar o santo, por isso que os poderes espirituais dos santos são transferidos para as esculturas de pau ou de pedra, feitas de acordo com a fantasia do escultor, à falta de retratos do santo morto, e às quais podem ser dados os nomes que convenham: Policarpo, Anastácio, Conegundes ou Bastião...

A lógica, porém, não é alimento espiritual, e quem acredita em santos — quer ter o santo junto de si, sem indagar, ao menos, se aquela figura foi executada por mãos isentas de torpezas, movidas por um coração honesto e bom, ou se poderia ter sido trabalhada por um ébrio, criminoso, réprobo aos olhos dos homens e ante a justiça de Deus.

Pensa-se somente que, tendo o santo ao pé, o milagre mais fácil se torna.

No entanto, nem sempre a imagem do santo preserva, acode ou salva, porque o elo que liga o sofredor aos Espíritos não é o objeto material, e sim o sentimento, a vibração da alma de quem implora a proteção de Deus, por intermédio de um Espírito, de santo ou não, que, no Espaço, possa receber a súplica sincera da criatura aflita.

A 9 de março de 1936, um jovem funcionário dos Correios e Telégrafos, residente à Rua Clarimundo de Melo, 293, dia do aniversário de sua noiva, suicidou-se, enforcando-se, tendo ante os olhos, no alto da porta, uma imagem impressa de Santo Antônio. Teria o auto-homicida, qualquer que haja sido a sua agrura, pedido à litografia do santo algum auxílio espiritual, consolação ou remédio à sua dificuldade ou mágoa? E, neste caso, a imagem impressa teria permanecido surda à súplica?

Olavo Bilac, em uma de suas inesquecíveis conferências literárias, na que dedicou ao *Feiticismo dos Poetas Brasileiros*, narra um eloqüente exemplo, lapidarmente comentado:

"Mas, com o correr do tempo, o povo, que é estranhamente e irremediavelmente feiticista, esquece a idéia do Espírito que o ídolo simboliza, e começa a adorar a própria imagem, como se ela, na sua passividade, na sua materialidade, fosse realmente um deus, dotado de ação, de vontade, de onipotência.

No Brasil, como em todos os países, observa-se todos os dias este feiticismo religioso. Muita gente, tendo devoção a certo santo do calendário, não sabe por que lhe tem devoção, nem ao menos sabe quem foi ou fez ele na vida terrena. O que essa gente adora não é absolutamente a pessoa do varão piedoso e justo que a Igreja, pela sua virtude e caridade, incluiu no número dos bem-aventurados: o que ela adora é unicamente a imagem do santo.

Conheci uma senhora, uma boa e velha amiga, que era muito devota de Santo Antônio. Mas nem ela sabia quem foi Santo Antônio! Não era ao meigo e misericordioso lisboeta, pobre e austero, que se meteu entre os mouros para os converter, e que com a sua eloqüência comovia até os peixes, não era a esse Santo Antônio que ela dirigia as suas preces. Não! o 'seu' Santo Antônio, o único que ela reconhecia e adorava, era um certo Santo Antônio de um palmo de altura, que havia no oratório da sua casa no Rio de Janeiro.

Aconteceu que essa senhora foi passar algum tempo na Europa. O seu primeiro cuidado ao instalar-se em Paris, num hotel, foi "trocar" uma imagem nova de Santo Antônio, que colocou, entre flores, sobre a cômoda do quarto de dormir.

Parece, porém, que o novo santo não lhe era tão liberal em milagres como o antigo...

— O senhor não imagina — disse-me ela — a falta que me está fazendo o meu Santo Antônio que deixei no Rio de Janeiro!

— Como? — perguntei. Mas, não tem a senhora ali, sobre a cômoda, um Santo Antônio?

— Não é a mesma coisa! Eu só me entendo bem com o meu santo do Rio de Janeiro, que já me conhece, que tem intimidade comigo, e nunca me recusa coisa alguma!"

Milagres são manifestações dos Espíritos que, sem as muralhas do corpo material, manejam forças desconhecidas dos homens, mas existentes no Universo — o grande laboratório de onde se nutre a vida de tudo que Deus criou, de onde descem as energias invisíveis que transformam, por uma química indefinível, o lodo em fermento para a floração dos vegetais, a podridão das sepulturas em adubo para os frutos de que se alimentam os seres.

E é por isso que se repetem, suave e misteriosamente, através dos tempos, todas essas maravilhas, embora a triste Humanidade não possa perceber as harmonias universais dos mundos, em labor incessante, nem escutar os salmos com que a Natureza, eternamente jovem e fecunda, saúda e louva a grandiosa majestade do Criador.

Grande foi decerto o médium Antônio de Pádua, porém, mais avultou porque, se era um pigmeu diante de Deus, mais liliputianos eram os que o rodeavam, anões e corcundas que não lhe chegaram aos joelhos.

E, assim agrandado, divinizaram-no, fizeram-no santo, taumaturgo.

Mas, mercê de Deus, as verdades do Espiritismo chegaram enfim, para explicar todas as coisas, todos os mistérios, dentro da promessa do Cristo, que anunciou a vinda do Espírito da Sabedoria, para ficar entre as criaturas, ensinando-lhes aqueles segredos que a evolução dos *tempos chegados* permitisse fossem conhecidos.

É pela realização dessa promessa, luminosa e bendita, que estamos vendo, por toda parte, os médiuns a repetirem os milagres que outrora eram privilégios dos sacerdotes, dos santos, de tonsura ou não.

Ninguém mais se iluda: os poderes de Deus são dados a todos que os mereçam.

Façamos por merecê-lo, e seremos santos, fazedores de milagres!

Que é afinal um santo? Segundo o verdadeiro sentido, é um missionário, portador de sagrados compromissos espirituais, destinado a cumprir nobilíssimas tarefas, dando, pela palavra e pelo exemplo, a lição de como devem ser compreendidas e observadas as leis eternas que regem o Espírito através das várias etapas da sua existência imortal.

Não importa que a incompreensão, os interesses, os desvirtuamentos, o fanatismo, o arbítrio das criaturas hajam arvorado em — santos — pobres seres que pontilhavam sua vida muitas vezes de falhas lamentáveis, e que apenas, por um tardio arrependimento, mudaram os rumos nos últimos dias da existência terreal.

Esses pretensos santos, tidos por intermediários de Deus, não raro vertem amaríssimo pranto no Além, ante o espetáculo das culpas a resgatar, enquanto, aqui, ingênuas ovelhas do rebanho da Igreja Romana imploram bênçãos e graças a quem, muito mais do que elas, necessita de preces e da misericórdia divina.

O julgamento arbitrário dos homens não tem poder para santificar outros homens, cujo passado, sob a sanção das leis eternas, exige resgates, testemunhos e provações.

É isso que está na lição do Evangelho: "Do cárcere não sairás até pagares o último ceitil" (Mat. 5:26). Santo ou pecador, ninguém se sublima ou sofre pelo poder falacioso de qualquer igreja ou seita: assumidas responsabilidades, espirituais, somente dentro das leis do Espírito podem ser julgadas as criaturas.

Tal é a lição conhecida desde a velha revelação hindu, cujos preceitos estão codificados nas *Leis de Manu*, livro 4º, preceitos 240-41: "O homem nasce só, morre só, recebe sozinho a recompensa das suas boas ações, e sozinho a punição das suas culpas. Após haver abandonado seu cadáver à terra, qual um pedaço de madeira ou um torrão de argila, os parentes se retiram de cabeça baixa, mas a virtude acompanha a sua alma."

E disso Santo Antônio possuía pleno conhecimento mediúnico, razão por que ensinava o Bem, e trabalhou para salvação espiritual dos seus contemporâneos.

E quando (ao menos os espíritas) os seres humanos souberem compreender, em toda a sua grandeza, a personalidade excelsa de Antônio de Pádua, uma verdadeira metamorfose se operará nas consciências, nos sentimentos, na maneira de interpretar a vida, na avaliação das forças do nosso próprio Espírito, no valor da prece íntima, nas maravilhas da Fé, na potência formidável das virtudes principais e indispensáveis à felicidade da Alma: a bondade, a mansuetude, a harmonia na convivência com os nossos semelhantes, a humildade espiritual — alavanca do Espírito para remover todas as pedras do caminho da vida.

Tal foi a glória, a força, a santificação espiritual de Antônio de Pádua. Estudioso ignorado, leu os grandes mestres da antigüidade, assimilou as doutrinas da Revelação Divina e adquiriu o cabedal para fazer, dentro da sua época, o ensinamento das verdades que o Espiritismo do nosso tempo infelizmente ainda não difunde em toda a sua amplitude e luminosidade.

Antônio de Pádua sabia que a Revelação Divina é uma só e que as verdades progressivamente se esclarecem, dadas que são de acordo com a mentalidade de cada período da civilização e de cada povo, dentro do horizonte intelectual das criaturas, dos seus sentimentos então cultivados, na medida do que o ambiente permite, de acordo com as necessidades espirituais imediatas, dentro dos superiores e insondáveis desígnios da Providência Divina, executados pelos seus Mensageiros de Paz e de Luz, que descem à Terra para divulgar lições de salvação, sempre mal aproveitadas pelas nações que, dizendo-se cristãs, se destroem em guerras e horrores de toda sorte.

Mas, Antônio de Pádua sabia também que todos quantos têm FÉ — tudo podem, em nome de Deus, com as forças que baixam do Alto (Tudo posso nAquele que me fortalece. Filipenses, 4:13), e conseguem assim realizar os chamados milagres.

Santo Antônio os fez porque era médium verdadeiro, e na missão viera comprovar as verdades de Deus, aliás, desde muitos séculos antes, demonstradas pelos denominados grandes profetas do Velho Testamento, hoje sinônimos de — grandes médiuns do Espiritismo.

E a confirmação de tal continuidade bem exemplificada está na vida do Cristo. Jesus não fez prodígios novos, nem excedeu as possibilidades mediúnicas traçadas e vigorantes para todos os tempos. Ele, sem embargo da sua altitude espiritual, ratificou a doutrina de que aos enviados de Deus são outorgados poderes de realizar o que o comum das criaturas são incapazes de compreender, e muito menos de executar.

A Bíblia, que é o registro dos fastos religiosos dos chamados Velho e Novo Testamento, corrobora a coerência dessa doutrina, mencionando fatos espíritas que espelham as várias modalidades da mediunidade: materialização, voz direta, transporte, vidência, profecia, etc.

Cristo, referindo-se à sua união com Deus, disse: "Aquele que crê em mim fará também as obras que eu faço e *fará outras ainda maiores*" (João, 14:12). Isso, confirmando que os poderes divinos — aos médiuns — foram e são dados em todos os tempos, conforme suas textuais expressões: "As palavras que eu vos digo não as digo por mim; mas o *Pai* que está em mim *é quem faz as obras*" (João, 14:10).

O confronto é simples.

Segundo Mateus, 14:17-21, estando reunidas 5.000 pessoas, pediram os Apóstolos a Jesus que deixasse ir aquela gente, pois não havia comida para lhes dar ali, existindo apenas 5 pães e 2 peixes. Jesus disse que era o bastante, e, pegando pães e peixes, materializou o suficiente para todos, e ainda sobejaram restos que encheram 12 cestos.

Mais ou menos isso, porém, já fora realizado — *dez séculos antes* — por Eliseu, grande médium, profeta sucessor do não menos notável e famoso Elias, e consta do livro IV de *Reis* (ou II dos seguintes aos 2 de *Samuel*, conforme outra tradução da Bíblia) cap. 4:42-44. Um homem, de Baal-Saliza, lhe trouxe 20 pães, os quais mandou dar ao povo (com relutância do servo, que achava ridículo 20 pães para alimento de 100 pessoas). Todos comeram, e ainda sobrou muito pão.

Cristo ressuscitou a filha de Jairo, um dos príncipes da Sinagoga (Marcos, 5:22-43), mas Eliseu também ressuscitou o filho da sunamita (II Reis, 4:32-35).

E Santo Antônio igualmente o fez, em circunstâncias mais notáveis ainda — demonstrativas de que a assistência dos Espíritos não perdiam ensejo de fazê-lo instrumento de corrigenda até de mentirosos.

Por donativos dos que ouviram suas pregações, em Gemona (província de Údine, Itália), foi construído ali um retiro para os franciscanos. Estando certo dia Santo Antônio dirigindo os trabalhos, necessitou de um carro, para conduzir tijolos, e pediu esse favor a um carreiro que passava com o veículo desocupado, dentro do qual ia um filho a dormir. O carroceiro, porém, por mau humor ocasional ou não querer prestar serviços gratuitos, respondeu capcioso:

— Agora é impossível, porque levo ali um defunto.

— Pois seja como dizeis — foi a contestação.

Continuando seu itinerário, a sorrir da mentira que pregara, o homem do carro desejou contar ao filho o logro impingido ao "monge dos pedreiros". Chamou e sacudiu inutilmente o adolescente: estava morto.

Ligando a desgraça à zombaria que usara e à resposta que ouvira, correu aflitíssimo a Santo Antônio, a quem, por entre lágrimas sinceras, implorou restituísse a vida ao jovem. O então frade Antônio condoeu-se do homem, foi ao local, e, traçando sobre o inerte corpo o sinal da cruz (que era a forma de *passe* usada à época), reanimou o filho do carreiro.

Antônio de Pádua foi apenas médium, e verdadeiro, verdadeiro e incorruptível, como indica o nome que escolheu, formado do grego: *Anti* = *contra*, e *onios* = *venal*: Antônio, que não é venal.

E a sua mediunidade se revelou desde a adolescência.

Em 1209, aos 14 anos de idade, ainda aluno das aulas da Sé de Lisboa, onde iniciara seus estudos, passou certa vez pela frente da sua residência uma criada de servir, levando à cabeça um cântaro cheio de água. Bem defronte do palacete, a serviçal o pousou nos degraus de acesso, para descansar; mas, por desastre ou travessura de algum transeunte, o cântaro caiu e ficou em pedaços. A pobre fâmula desatou em lastimoso pranto, lembrando talvez o castigo que iria sofrer ao chegar em casa, sem a vasilha e sem a água. O quase menino, que ainda se chamava Fernando, tendo testemunhado a cena, condoeu-se profundamente da criada, e, aproximando-se, começou a juntar, um por um, os cacos da vasilha e a sobrepô-los, como se pretendesse recompor o vaso quebrado. Momentos depois, falando à serva, disse:

— Não chore; o seu cântaro está perfeito e cheio de água.

E era verdade, um milagre incrível, que a criada divulgou amplamente.

(Padre Carlos das Neves — *Santo Antônio de Lisboa* — vol. I, ed. 1895, pág. 34.)

☙

Quando Antônio de Pádua fundou um modesto cenóbio em Varese, na Itália, ao mandar abrir uma cisterna deitou sua bênção sobre as respectivas águas, que ficaram com a virtude de curar febres.

Espalhada a notícia desse milagre, os do convento de Vercelli rogaram que fossem também abençoadas as do poço ali existente, e foram satisfeitos, ficando as águas do tanque do mosteiro fluidificadas e com propriedades curativas.

Hoje, bem fraco é o conceito de tal prodígio, pois os médiuns os produzem diariamente, fluidificando a água com a qual muitas pessoas obtêm curar-se, sem necessidade de recorrer às imagens dos santos das igrejas.

Em maio de 1928, na residência de José Campos, em Monte Alegre, Estado do Rio de Janeiro, estavam reunidos numerosos convidados para o enlace matrimonial de uma filha daquele cavalheiro.

Súbito, 20 das pessoas presentes sentem-se mal e apresentam sintomas cada vez mais alarmantes.

O dono da casa, verdadeiramente desorientado, corre à moradia de um espírita, e dali traz uma garrafa com água fluidificada, conseguindo restabelecer de pronto todos os enfermos, de modo que, quando chegou um farmacêutico, chamado à pressa — pelo estado grave dos atingidos —, nada mais teve a fazer.

Este caso, de entre os milhares que se poderiam citar, prova que para receber e transmitir fluidos à água, dando-lhe poder de curar, não se necessita ter o privilégio da santificação, porque a misericórdia de Deus, exercida pelos mensageiros da Caridade Divina, não olha os instrumentos de que se serve, quando chegada é a hora de realizá-la.

Para obter curas, não é indispensável ir aos templos, nem escolher a proteção deste ou daquele santo, quer se trate do santo da moda (atualmente Santa Teresinha de Jesus — que não se curou, ela própria, da tuberculose que lhe coube em *provação*), quer se cogite dos velhíssimos S. Cosme e S. Damião, que foram médicos na Terra.

Todas as coisas necessárias à vida foram por Deus colocadas ao nosso alcance, ao alcance de nossas mãos ou da nossa alma.

Nós outros, inscientes da universalidade da vida, não nos apercebemos das verdades reveladas e não sabemos, por isso, aproveitar as munificências do Criador.

Santo Antônio de Pádua curou muitos enfermos nas estradas por onde transitava, graças à ação dos Espíritos que se serviam da sua mediunidade; mas, os médiuns de nossos dias também curam, pela ação desses mesmos Espíritos, de acordo com a promessa do Cristo, quando anunciou o advento do tempo que estamos vivendo, guiados pelas verdades do Espiritismo.

Segundo narra um diário inteiramente alheio ao Espiritismo, em agosto de 1928, compareceram a um centro espírita suburbano o Sr. Júlio Inácio da Silva e sua esposa, D. Carolina Gomes Chaves, residentes à Rua Maria Passos, nº 66 (Cavalcanti — Distrito Federal), e apresentaram ao respectivo presidente a menina Luzia, de 11 meses, que nascera com os olhos completamente fechados, não tendo sequer movimento nas pálpebras.

O médium pôs-lhe as mãos sobre o rostinho, concentrou-se, orou, deu-lhe passes, e dentro em pouco o próprio médium — admirado — via a criancinha abrir os olhos e fitar, meio ofuscada ainda, tudo quanto a rodeava, a sorrir e a chorar quase ao mesmo tempo.

Se isto houvesse acontecido mediante promessa de missa ou de meia dúzia de velas de cera à imagem de Santo Antônio, não seria um verdadeiro milagre, desses que só um santo da Igreja pode fazer?

A verdade, porém, é que não há prodígios operados pelo merecimento, nem pelo poder pessoal das criaturas: tudo é misericórdia de um poder mais alto e mais sábio.

Outrora, os milagres eram monopólio das religiões, pois acreditava-se que Deus somente agia por intermédio de seres escolhidos, predestinados; que as dádivas divinas tinham o cunho egoístico dos homens, que só se comprazem em fazer o Bem em troca de alguma coisa que lhes remunere a ambição ou sirva aos interesses.

E, ainda hoje, a despeito das reiteradas provas em contrário, a Humanidade dificilmente compreende a Caridade gratuita exercida pelos Espíritos do Senhor; não reflete que, livres dos interesses e preconceitos da Terra, os Espíritos se consagram a missões nobres, de conforto e auxílio a todos quantos se voltam para a única, verdadeira e onipotente misericórdia: a de Deus.

E, se é verdade que os Espíritos se servem de instrumentos humanos para revelação dos poderes da Vida Universal, também é certo que agem muitas vezes sem o concurso dos encarcerados da Terra, para chamamento dos cegos e surdos às realidades da Vida Imortal.

⁂

Existia na vila de Sapé, interior do Estado da Paraíba do Norte, um mudo, chamado Josué, muito conhecido.

Certo dia, em abril de 1929, apareceu, subitamente, a falar com desembaraço.

Segundo contou ele, "estava um dia sozinho quando apareceu, sem poder explicar como, um Anjo do Céu. Espantado com a visão, olhou-a receosamente; mas, o Anjo (Espírito) estendeu-lhe a mão, oferecendo-lhe um vidro de remédio, ordenando que ingerisse o conteúdo. Obedeceu e, logo no mesmo instante, pôde falar sem nenhuma dificuldade".

Se isto ocorresse, tendo o mudo prometido rezar, comungar, confessar-se, acompanhar procissões, acender velas a imagens de santos, ajudar missa — não seria um autêntico milagre?

☙

Em 1231, quando de uma das vezes se recolheu a Pádua, exausto pelas fadigas de intenso labor, Santo Antônio resolveu escrever ao Provincial da Ordem, pedindo-lhe permissão para um repouso em local ermo.

Fechada a missiva, que ficou sobre a mesa da cela, saiu Santo Antônio em procura do necessário portador; mas, conseguido este, voltando em busca da carta, não mais a encontrou, sendo infrutíferas todas as pesquisas feitas para achá-la.

Julgando que o desígnio de Deus fosse contrário ao seu, desistiu da resolução que tomara, e continuou o seu viver costumeiro.

Decorridos, porém, alguns dias, tantos quantos necessários para ir a carta ao seu destino e voltar a resposta, chegou ao Convento missiva do Provincial, concedendo a permissão do pedido — que não fora enviado.

Segundo a crônica de então, um Anjo (Espírito) levara a carta e trouxera a resposta.

Milagre? Absolutamente.

Ação dos Espíritos, servindo-se da mediunidade daqueles que encarnaram para dar testemunho da Verdadeira Vida, no mundo dos Espíritos, fora da Terra.

A mediunidade, da qual conhecemos apenas os efeitos e ignoramos as causas, as leis, é missão de testemunho ou de reparação de vidas anteriores.

O médium é, muitas vezes, um grande culpado que reencarna para servir às suas próprias vítimas, errantes ou sofredoras; sempre, porém, para constituir-se instrumento de Caridade, no serviço dos Espíritos que ajudam o cumprimento dos compromissos assumidos.

Não importam a condição social do encarnado, nem o ambiente familiar ou coletivo onde vai agir: ante a Justiça que rege as coisas do Espírito, as divisões e preconceitos da Terra desaparecem.

Por isso, os frutos da mediunidade tanto se observam nos reis quanto nos plebeus; nos santos ou nos silvícolas.

Faltam provas? Não.

O Dr. Dreuville, em entrevista concedida ao *O Radical*, de Paris, narra esta eloqüente e insuspeita ocorrência, registrada no *Almanaque das Missões*, na África: O Superior dos padres missionários teve notícia de que uma aldeia cristianizada ia ser invadida por uma tribo inimiga, e seus habitantes degolados.

Achando-se a dita aldeia distante cerca de três dias de viagem, o padre ficou aflitíssimo, pela impossibilidade de dar aviso aos ameaçados de tão horrendo perigo.

Trabalhado pela angústia, lembrou-se de um feiticeiro (o padre assim chamou ao médium) que tinha a faculdade de desdobrar-se e transportar objetos.

Foi procurá-lo, e perguntou-lhe se era capaz de levar uma carta à aldeia próxima, para ser entregue ao chefe dos catecúmenos dali.

O *feiticeiro* respondeu que sim.

Feita a carta, o médium (preto, analfabeto, do interior da Africa) caiu em transe e uma hora depois despertava, declarando que a carta fora entregue (na distância de três dias de viagem), e que, graças a ela, os habitantes se haviam posto a salvo, o que depois se verificou ser rigorosamente exato.

E não deve causar espanto o verdadeiro milagre produzido por uma criatura que, aos olhos do mundo — desse mundo que não conhece a origem do Espírito —, é apenas um selvagem, um ignorante, um pária, um desclassificado.

Os Espíritos transportam mais do que cartas: movem corpos de carne e osso.

Um destes fenômenos ocorria, em 1918, em Pelotas, Estado do Rio Grande do Sul, com uma filhinha de Antônio Ferreira, estabelecido com padaria naquela cidade.

A criança, de nome Maria, era transportada, pelos Espíritos, de um para outro lugar da casa, mesmo quando a deixavam, por precaução, fechada à chave num aposento.

Tendo, nessa época, menos de um ano de idade, e não sabendo andar ainda, certa vez, estando sentada numa cadeirinha própria à sua condição, desapareceu, indo os pais encontrá-la dentro de um arcão que servia para guardar milho.

∽

A mediunidade tem, pois, aspectos variadíssimos, e não sofre limitação quanto à idade ou crença, consciência ou inconsciência da criatura que possui esse dom.

Erro muito comum é julgar-se possível fixar regras para as potências mediúnicas, quer pretendendo criar médiuns em "Escolas", quer supondo que o dom de intermediário dos Espíritos dá à criatura certos privilégios ou imunidades.

A verdade é que o médium luta, precisa lutar, porque o progresso do Espírito, encarnado ou fora do corpo, combate sempre, vencendo-se, melhorando-se, cumprindo as provas que escolheu, batalhando com aqueles desencarnados que muitas vezes o assediam e assaltam — exatamente para que tenha ensejo de vencer mais um degrau ascensional da escada que leva à Perfeição.

De tais lutas, nem mesmo os grandes médiuns, ou santos, estão isentos.

Certa noite do ano de 1228, Santo Antônio, em Pádua, durante o sono, foi assaltado por um Espírito que o agarrou fortemente pelo pescoço, tentando estrangulá-lo.

Invocando o auxílio do Céu, crente que era, sentiu-se logo liberto, e viu o aposento cheio de estranhas claridades, prova de que os Espíritos bons vieram em seu socorro, atendendo ao apelo.

Este caso foi, pela mentalidade da época, atribuído à ação do Diabo; mas, hoje, sabemos que, muitas vezes, são pobres Espíritos de inimigos adquiridos na vida terreal, ou agentes da Verdade que agem para abrir olhos a cegos, vencer a ignorância incrédula, ou acordar consciências adormecidas.

— Francisco Tavares, cidadão português, com fama de valente, alegre bebericador, coração duro a coisas de Fé, morador em Pedra-Menina, interior de Minas Gerais, regressava a cavalo, para casa, à noite, em companhia de um cunhado, quando se sentiu perseguido por algo indefinível, e, em seguida, atirado fora da sela.

Empunhando o revólver, o valentão entra em luta com um fantasma, que o derriba várias vezes, e, afinal, precipita-o num brejal próximo, dizendo sempre: — "Hoje temos que ajustar umas velhas contas!"

Gritando para que os de casa lhe trouxessem uma luz, acudiu a família, conduzindo armas, e foi visto enorme vulto que se afastava.

O cunhado nada enxergou da luta, percebendo apenas que era intensa, pelo ruído que ouviu.

A prova de que houve presença e intervenção de Espíritos está neste detalhe: Francisco Tavares trajava roupa de brim branco, e, a despeito de haver sido precipitado ao chão e a um lamaçal, as vestes se conservaram inteiramente limpas, sem vestígio de terra ou lodo.

Deve-se atribuir este incidente a Satanás, como pretendem sempre os das impropriamente chamadas igrejas cristãs?

Parece que não, pois, à retirada do Espírito, gritaram-lhe: — "Vai-te, com os diabos!", ao que o fantasma respondeu: — "Vou com Deus; o diabo fica com vocês!"

E bem o ensinam os Espíritos: Com o diabo vivem as criaturas que têm ódios no coração e idéias de vingança no pensamento.

Diabo — significa o mal, representado por todos os sentimentos inferiores que um ser humano possa abrigar na alma.

Com o diabo e no inferno vive todo aquele que está escravizado aos sentimentos maus, quaisquer que sejam as causas geradoras desses sentimentos, e quer esteja o Espírito na Terra ou no Espaço.

E desse diabo — que vive dentro do mau, do transgressor das leis divinas, do incrédulo negador da existência dos Espíritos fora do corpo carnal, do fanático apegado às promessas de salvação pelos ritos das suas igrejas — desse diabo ninguém se livra, senão pelo caminho apontado pelo Cristo, ou seja, pelo aperfeiçoamento espiritual.

— Jorge Zamar, residente em Rosário-Oeste, Estado de Mato Grosso, às 11 horas da noite, de 20 de abril de 1928, quando de regresso de um baile se recolhia ao aposento de dormir, sentiu forte soco no alto da cabeça, e outro nas costas.

Voltando-se, viu um vulto, sobre o qual fez inúteis disparos de revólver, acudindo os companheiros de moradia, cuja presença não adiantou para o caso, pois o vulto — visível apenas para Jorge — continuou a esbofeteá-lo, diante de todos, embora os circunstantes ouvissem somente o ruído das pancadas e olhassem a vítima a defender-se de inimigo que ninguém divisava, mas real, tanto assim que o rosto do agredido apresentava a vermelhidão causada pelos golpes dos dedos do misterioso adversário.

Jorge Zamar foi, afinal, obrigado a deixar a casa; porém, tão logo para ela voltou, as agressões se repetiram, sendo de uma vez ante o testemunho de 40 pessoas que acorreram para assistir ao estranho acontecimento.

Entre os assistentes estiveram os empregados da Estação Telegráfica, sendo que o respectivo encarregado transmitiu, ao chefe da Estação dos Telégrafos em Cuiabá, um comunicado a respeito, o que autentica indubitavelmente o caso, desfazendo qualquer dúvida sobre a sua perfeita exatidão.

Esta identidade de acontecimentos, entre o outrora ocorrido com Santo Antônio e agora com pessoas de nosso tempo, prova que, diante de Deus, em face da Lei que rege o mundo espiritual, todos somos iguais e sujeitos às mesmas contingências, às mesmas lutas, unido tudo ao nosso passado, às necessidades do nosso presente, às condições do nosso futuro.

É necessário repetir sempre a valiosa lição: O Espírito conquista o seu progresso a custo de lutas contra si próprio, combatendo sentimentos inferiores, e contra as malfazejas influências que o assaltam por inúmeras formas e ocasiões.

꧁꧂

A mediunidade produtora de milagres não recai sobre privilegiados, e ninguém, por mais poderoso"e "infalível" que seja ou se presuma de o ser, pode decretar o dom mediúnico, para converter um pecador em santo.

A mediunidade não habilita a criatura a produzir os fenômenos que almeja, ou convenham, ou lhe solicitem.

Tudo no médium deve ser espontâneo, e vem na medida da sinceridade com que exercita o dom.

E nisto está a explicação do — porquê — muitos médiuns são impuros, incapazes de realizar certos fenômenos.

A condição principal é conhecer que se deve tornar um útil e dócil instrumento da Caridade e Sabedoria dos Espíritos, e jamais pretender arrastar os Mensageiros do Espaço ao papel de servidores submissos à vontade e interesse dos humanos.

Mas, além dessa condição primacial, é preciso ter o sentimento afetivo para com os Espíritos, notadamente para com os sofredores, e cultivar a alegria de servi-los, pelo amor de Deus, em homenagem aos Protetores, em obediência aos Amigos, em cumprimento dos compromissos assumidos no Espaço.

E, acima de tudo, não mentir, não mistificar.

Muitas vezes, admiramo-nos de que médiuns, aparentemente dignos das maiores bênçãos, de toda a proteção dos Espíritos, tenham vida atribulada e sofram vicissitudes maiores do que as suportadas por incrédulos.

É que tais criaturas, em troca de efêmeras gloríolas dos aplausos, dos "sucessos" que alcançam, fingem, mentem, esquecidos de que os Espíritos tudo enxergam e tudo sabem.

Foi decerto por isso que S. Paulo, na 1ª Epístola aos Tessalonicenses, 5:19-21, aconselhou: "Não extingais o Espírito; não desprezeis as profecias; mas ponde tudo à prova, retende o que é bom."

Allan Kardec positivou esse ensinamento ao recomendar: "Preferível é rejeitar 99 comunicações verdadeiras, a admitir uma falsa."

Quantos médiuns, de aparência austera ou inofensiva; quantas criaturas que sabem olhar com meiguice, sorrir encantadoramente, de rostinho gentil — escondem almas de farsistas, mentindo em nome dos Espíritos!

Na vida de Antônio de Pádua não há registrada uma nódoa na sua missão mediúnica, e talvez por isso mesmo ele seja quase único em toda a galeria dos canonizados, pois nenhum dos erigidos santos — que foram médiuns — conseguiu realizar os prodígios que marcaram a encarnação do taumaturgo lisboeta, chamado Santo Antônio de Pádua.

E a prova está em que, se houve santos milagrosos, porque eram médiuns, existiram também os que foram considerados santos por mero arbítrio das igrejas de todos os tempos.

A tarefa nobre do Espiritismo consiste em distinguir, entre os santos e os seus milagres, o que há de verdade, e fixar os limites dessas realidades até onde começam as fronteiras da fantasia e da mentira.

Não se julgue que o simples fato de haver uma igreja decretado a santidade de determinadas criaturas, corresponda à certeza real dessa santidade, pois nem mesmo para atrair ou expulsar Espíritos basta a pretensa qualidade de ministros de qualquer religião.

Em um e outro caso, os desencarnados burlam-se da vaidosa pretensão de quantos julgam intervir a seu arbítrio nas coisas do além-túmulo, movendo à vontade os Espíritos para seu serviço.

Um livro de combate ao Espiritismo, da autoria de fervorosíssimo católico (*Où en est le Spiritisme? — Sa nature et ses dangers*, por Jeaniard du Dot, Paris, 1907, págs. 55-56), narra assim frisante exemplo:

"Poderíamos citar histórias comoventes, por não dizer aterrorizantes, nas quais os verdadeiros autores dos fatos espíritas se traem por si mesmos.

Contentamo-nos com uma única.

Os cinco bispos de uma província reuniram-se, em 1849, para tratar de diferentes pontos de doutrina ou de direito eclesiástico.

No curso do sínodo, porque estivessem em moda as mesas falantes e porque essa prática, implicitamente proibida pela Igreja, era geralmente tolerada, os prelados quiseram experimentar por eles próprios a pretendida novidade.

Defrontando-se em torno de adequada mesa, obtiveram movimentos e depois respostas por meio do pé.

Desconfiados de que o Espírito da mesa era de origem demoníaca, tiveram, certo dia, o cuidado de colocar sobre ela um rosário e um breviário, que foram derrubados, com furor, pela mesa.

Depois, voltando-se toda especialmente para o bispo local, que fora talvez o promotor desses ensaios, a mesa tomou a tarefa de expulsá-lo da sala, perseguindo-o, empurrando-o até a porta, onde ele se sentiu arremessado bem contra seu consentimento.

Era mais, sem dúvida, do que os cinco prelados haviam desejado.

Eles apressaram-se a proibir, nas respectivas dioceses, a experimentação das mesas falantes, "prática perigosa cujo caráter infernal fora revelado por fatos tão brutais".

Assim, malquistos e maltratados pelos Espíritos, inferiores e afins com os maus, esses prelados, de sentimentos ocultamente subalternos, maus saem da Terra e maus permanecem em Espírito, no Espaço, embora se lhes decrete a santidade e tenham as reverências ingênuas dos crentes menos esclarecidos.

Muitos e muitos homens e mulheres, inscritos no rol dos *seres divinos*, foram de corrupta existência, e seus Espíritos, quando desencarnados, devem ter sofrido cruciantes padecimentos, na erraticidade, enquanto aqui se lhes entoavam cânticos e louvores nos altares, por ordem dos sumos pontífices das religiões terrenas, homenagem à caça de milagres — que não foram e não podiam ser produzidos por esses pobres culpados e sofredores recém-emigrados da Terra.

Eis talvez por que há santos dos quais ninguém se lembra, e ninguém invoca, porque não fazem milagres...

Santa Margarida de Cortona, por exemplo, que se celebra a 23 de fevereiro, nascida em meados do século XIII, possuidora de rara beleza, foi uma pobre mulher perdida, que, depois de arrepender-se e entrar para a vida de freira, foi feita santa pela Igreja Romana.

Abandonando os pais, que eram pobres lavradores, aos 14 anos de idade, levou, durante 9, uma vida dissoluta, constituindo-se vergonha e escândalo para todos.

Somente quando rivais lhe assassinaram um amante que adorava, teve horas de desespero, revoltas impotentes e desolações, sendo acolhida por alma generosa que a encaminhou para a religião.

S. Norberto, bispo, de ilustre família nobiliárquica, nascido em 1080 e que se celebra a 6 de junho, foi um dos mais terríveis doidivanas do seu tempo, muitas desgraças causou, muitas lágrimas fez derramar.

Um dia, viajando, caiu uma faísca elétrica junto do cavalo que montava. Atirado ao chão, ficou sem sentidos durante uma hora, e, ao recuperar o conhecimento, cheio de terror, lembrou-se de Deus e perguntou interiormente: "Senhor, que desejais que eu faça?" E ouviu uma voz responder: "Foge ao Mal, e faze o Bem; busca a Paz e segue-a até onde a encontres."

E, sob esse terror do raio, abraçou a religião e foi feito santo dos altares.

⁓

Estando em Ferrara, na Itália, em 1228, foi Santo Antônio solicitado por uma senhora, casada com eminente personagem, e que se achava em grande aflição, acusada de infiel pelo marido — que ia ao extremo de negar a sua paternidade a um filho recém-nascido.

Condoendo-se da pobre e inocente mãe, acudiu ao apelo, e, depois de ouvir a ambos, concentrou-se, tomou o menino nos braços, fez oração e disse: "Por virtude de Jesus-Cristo ordeno-te que me respondas terminantemente aqui, diante de todos os circunstantes, quem é teu legítimo pai."

Então, a criança, sem o natural titubeio da mais tenra infância, quando pronuncia as primeiras palavras, disse, em voz clara e distinta, voltando-se para o nobre senhor: "Eis aqui quem é meu pai."

Este milagre está perpetuado em inscrição de mármore existente numa capela erguida ali em honra do grande médium.

Mas, um tal caso, será milagre mesmo? Não.

O milagre se transforma em fato espírita, porque a voz dos Espíritos, direta ou não, está exuberantemente manifestada em todos os tempos, desde a voz que falou a Samuel, quando menino ainda (conforme narra a Bíblia, no Velho Testamento, I Reis, cap. III), até o que se viu há bem pouco, quando Frederico Figner, nesta Capital, fez curiosas experiências de voz direta, com o afamado médium Valiantine.

Notável, porém, é que fenômenos desta importância se encontram registrados nos anais científicos, por observações de médicos, alheios e adversos do Espiritismo, insuspeitos, portanto, para autenticar a veracidade irretorquível de tais manifestações dos Espíritos.

Alexandre Aksakof, homem de reputação universal, narra em seu conhecidíssimo livro *Animismo e Espiritismo* vários casos surpreendentes de mediunidade infantil, verificados espontaneamente.

Um deles se refere à neta do Sr. Leroy Sunderland, médium aos 2 meses de idade, e cujo dom permitia mensagens tiptológicas, isto é, por meio de batimentos.

Outro caso, acontecido em Waterford, próximo de Nova York, ocorria com um filhinho do senhor Attwood.

Alguns pastores protestantes, aborrecidos com os comentários que se faziam em torno do menino médium, pediram ao general Bullard que, com uma comissão, fosse "examinar e pôr termo a esse escândalo".

O resultado dos fatos observados foi de tal ordem, que o general, ao produzir-se um fenômeno que ele próprio pedira — em pensamento — exclamou, com espanto da Comissão: "Juro que tudo isso é verdadeiro!"

Ainda outro notabilíssimo caso de mediunidade infantil foi o de Freddy, um filho da Sra. Jencken, o qual escrevia mensagens aos 5 meses e 15 dias de nascido, fato testemunhado por inúmeras pessoas (que assinaram declarações nesse sentido) e largamente noticiado na imprensa da época.

Artur Omerod, à 7ª semana de idade, apresentava o raro fenômeno de transfiguração, mostrando-se com o rosto do avô — tal qual fora a fisionomia do velho no dia do seu decesso.

Além disso, respondia a perguntas que lhe eram feitas, abrindo e fechando os olhos, ou movendo a cabecinha o número de vezes convencionado.

Essie Mott, que desencarnou aos 6 anos de idade, em Mênfis (Missouri, América do Norte), aos 24 meses produzia manifestações de escrita direta em ardósias.

O Sr. M'Call Black converteu-se ao Espiritismo por efeito da mediunidade de um seu filho de dois anos de idade, que recebia comunicações do Além.

João Vernet refere que, durante a perseguição religiosa aos protestantes na França, ouviu uma criança de 13 meses, envolta em faixas e deitada no berço, pregar — em voz adulta — doutrina de humildade cristã.

Bem recente é o caso, narrado pelo confrade Zanéli Caldas, de um menino de 2 meses, médium de efeitos físicos, filho de notável médico alagoano — adversário irredutível do Espiritismo.

෴

Um certo Leonardo di Padova, confessando-se a Santo Antônio, acusou, entre outros pecados, haver dado um pontapé em sua própria mãe, atirando-a ao chão.

Santo Antônio, aplicando ao caso o ensinamento evangélico do cap. V de Mateus, vers. 29 e 30, disse: "Um pé que insulta pai ou mãe deveria ser cortado desde logo."

E o penitente, indo para casa, e tomando ao vivo a admoestação, cortou o pé.

Vem, então, aflita e chorosa, a mãe do rapaz e suplica a Santo Antônio que lhe acuda ao filho.

Santo Antônio vai, ora, dá passes sobre a parte amputada, unindo-a fortemente, e sara dentro em pouco o pé decepado.[1]

---

[1] Vide no Apêndice, o título – *A Ingratidão dos filhos*.

Este milagre é um singelo fato dos domínios do Espiritismo.

Quem freqüenta a Federação Espírita Brasileira, conheceu decerto o médium Ulisses de Mendonça.

Um dia, transitava ele pela antiga Rua da Ajuda, quando foi colhido por um caminhão de 4 rodas, literalmente cheio de sacas de café.

O pesado veículo passou-lhe sobre ambas as pernas.

Espírita, invocou, sem dúvida, o auxílio dos seus Protetores do Espaço, e este não se fez esperar.

Ulisses, ocorrido o desastre, viu-se em pé sobre a calçada, contemplando o seu próprio corpo, que jazia deitado no centro da rua.

Levado dali, verificou-se, incrivelmente, não ter havido fratura; e, depois de um período de inflamação das equimoses, e de um demorado repouso, durante o qual sentiu apenas muito dormentes as pernas, Ulisses Mendonça regressava aos seus afazeres, sem o mais leve defeito ou cicatriz óssea ou cutânea.

Desses casos de cura direta, inclusive mediante operação cirúrgica, têm os anais do Espiritismo aos milhares.

Não há, pois, milagres, e sim revelações dos poderes de Deus exercidos pelos Espíritos Superiores, agindo para edificação da incrédula, pecadora e torpe Humanidade.

Assim pudessem todos compreender e aceitar essa misericórdia tão caridosamente manifestada e tão ingratamente retribuída!

⁕

Pregava Santo Antônio em Limoges, na França, em 1226, na Praça de S. Juniano. Avisaram-no, mediunicamente, de que Espíritos perturbadores estavam cogitando de atingi-lo, derribando o improvisado púlpito que fora erguido no local.

Dirigindo-se ao auditório, preveniu-o: "Sei que inimigos nos preparam uma afronta neste sermão; porém não vos amedronteis, porque a malícia não ofenderá a nenhum de nós outros."

Dentro em pouco, efetivamente, desabava com estrondo o púlpito, sem entretanto produzir ferimento ou dano a quem quer que fosse.

Para os desconhecedores de minudências da Doutrina Espírita, parecerá que os Espíritos Protetores deviam ter evitado o acidente; mas, de acordo com as leis que dominam nesses eventos, tudo é necessário e ocorre segundo as circunstâncias do meio onde os Espíritos agem.

A derrubada do púlpito, anunciada previamente, serviu para mostrar que ia manifestar-se um poder invisível, para o qual deveriam voltar-se as atenções, a cogitação dos que desconhecem ou negam a ação dos Espíritos, de fora para a Terra. Talvez tivesse mesmo endereço a algum dos assistentes, passível de converter-se ante esse fenômeno produzido pelas forças do Além.

Por outro lado, o aviso deveria ter provocado uma atitude de recolhimento, de oração, para que os efeitos poderosos e benéficos da Prece domassem as forças perturbadoras dos Espíritos ainda mergulhados na treva da ignorância e do mal, Espíritos que carecem de orações e pensamentos de amor e perdão e que, na maioria dos casos, só recebem, infelizmente, xingações de "malditos de Satanás".

Em qualquer hipótese, a manifestação dos Espíritos é sempre uma caridade, porque *mostra* às criaturas humanas a realidade de um outro mundo, a vida consciente de seres invisíveis que vêm junto de nós trazer a prova de que *existe alguma coisa fora da Terra e também se vive fora da Terra.*

Em dezembro de 1925, *O Estado*, o conceituado jornal niteroiense, publicava uma correspondência de São Fidélis, Estado do Rio, narrando que certo colono, chamado Antônio Serapião, rendeiro do Sr. Ricardo Franco, era alvo da ação de Espíritos perturbadores.

No trabalho, era atingido por pedradas, que nunca pôde saber de onde provinham; sua casa, feita de sapé, foi incendiada, e destruídos seus haveres.

Recebendo outra moradia, coberta de telhas, estas foram atiradas a grande distância.

Certa vez, estando na colheita de feijão, viu que eram arrancados, por mãos invisíveis, todos os pés de milho.

A uma filha, de 12 anos de idade, foram cortados os cabelos, tendo-lhe sido a tesoura arremessada à cabeça.

Idêntica perseguição já sofrera, algum tempo antes, quando era agregado do Sr. João Corrêa, residente em Ipucá, também no Estado do Rio de Janeiro.

Poder-se-á concluir, desta diferença de conseqüências, que Santo Antônio tinha sobre Antônio Serapião a vantagem de ser frade e futuro santo? Não.

Santo Antônio foi preservado dessas conseqüências, muitas vezes funestas, da ação de certos Espíritos, porque possuía a intuição da sua mediunidade; tinha fé; era humilde, na consciência da sua pequenez diante das grandezas do Universo; estudava a Palavra de Deus; sentia o recôndito amor pelas almas sofredoras que vivem nos mundos do Senhor; via, com os olhos do Espírito, aquelas coisas misteriosas que a ciência da Terra ainda não sabe desvendar a ninguém.

Enquanto que o pobre colono Antônio Serapião sabia apenas, pela palavra ignorante dos homens, que as manifestações dos Espíritos são "maldades do Diabo", e devem ser repelidas com esconjuros e vociferações, para que "voltem ao Inferno de onde vieram" e permaneçam malditas para todo o sempre.

Eis por que uns são defendidos do mal, e outros são vítimas desse mesmo mal.

E assim será até que os homens aprendam as verdades de Deus e aceitem as Suas manifestações como sendo emanadas de uma justiça e misericórdia perfeitas.

Quem desafiar as forças do Mundo Universal (que são as do Espírito Santo anunciado pelo Cristo), terá de curvar a cerviz, vergastado pelo látego das provações, qual anão, débil e parvo, pretendendo domar, com palavras loucas, a formidável *verdade* que serve de eixo à Criação de Deus.

Em agosto de 1928, na Rua Mauá, em São Paulo, onde a Tramway, Light and Power Co. Ltd. mantém uma turma de emergência, começaram a ocorrer fatos espíritas.

Em determinados dias da semana, Espíritos apareciam (inclusive o de um ex-empregado, Jorge, que sucumbiu em serviço, vítima do choque de corrente elétrica de alta voltagem) e esbordoavam quantos ali estivessem, atirando ao solo os que se achassem deitados, causando, enfim, invencível terror a todos.

Levado o caso ao conhecimento da Polícia Civil, com o pedido de providências contra os autores de presumido divertimento de mau gosto, foi o assunto entregue à Delegacia da Ordem, a cargo do Dr. Ibrahim Nobre.

Não se descobriu viva alma autora dos apavorantes casos, que fizeram correr até mesmo turmas de guardas-civis destacados para policiar o prédio.

Um Antônio, católico apostólico romano, indignado com o que ele julgava ser "covardia diante de Satanás", consultou a respeito certo padre, que lhe disse: "Crendices, Antônio, crendices! Não se fie em nada dessas coisas. Quem morre, vai-se embora. A alma dos mortos vai prestar contas a Deus, e por lá fica. Felizes os mortos que voltassem a resgatar neste mundo as suas faltas!"

Animado por essa "injeção de doutrina de sacristia", o católico Antônio pediu licença para pernoitar no prédio "assombrado", impondo a condição de ficar sozinho — para mostrar que não tinha medo.

E subiu para o 1º pavimento do casarão.

O *Diário Paulista* descreve o que aconteceu: "Estava, já havia duas horas, no 1º andar, quando, de repente, os guardas, que rondavam a porta e satisfaziam com alguns comentários os curiosos, sentiram um rumor súbito como o esbravejar de uma luta. Ficaram todos muitos impressionados. Levantaram a porta. E, dentro em pouco, aparecia-lhes o destemido Antônio, com os cabelos em pé, o olhar esgazeado, sem fôlego. E logo que se acalmou, contou que havia sido atacado pelo Demônio, que se agarrava a ele, Antônio, e o apertara nos seus braços fortes. E ele não o via, não o podia ver, pois o "maligno" não tinha formas;

apenas lhe mostrava força, uma força impalpável que o subjugava e vencia. Quisera fazer o sinal da Cruz, mas, ao levar a mão à testa, partira-se-lhe o braço. E mostrava o braço inerme, efetivamente quebrado."

Um dos milagres celebrados em louvor de Santo Antônio é a sua aparição ao douto teólogo Tomás Galo, abade de Vercelli, de quem era muito amigo e de quem se foi despedir, em Arcela, a algumas léguas de distância, logo que desencarnou, apresentando-se tão nitidamente materializado, que o abade não conheceu estar dialogando com um Espírito e julgou falar ao próprio Antônio de Pádua, em carne e osso, principalmente porque, achando-se ele, abade, enfermo da garganta, o Espírito tocou a região doente e, desaparecendo, deixou o abade instantânea e radicalmente curado.

Os casos de despedida dos que deixam a Terra já se tornaram tão numerosos, que os próprios crentes, adeptos da teoria do Satanás, admitem esses fenômenos por verdadeiros.

E, pode-se dizer, rara é a família na qual não haja ocorrido um fato de tal natureza, e de modo a banir qualquer dúvida quanto a tratar-se realmente do "Espírito do morto".

Não há muito tempo, em dezembro de 1929, achando-se os empregados da Liga de Amadores de Futebol (narra *O Clarim*, de Matão, Estado de São Paulo) ocupados em seus afazeres, em aposentos separados, ouviram a voz do respectivo secretário, Virgínio Guimarães, gritar, angustiosamente, no pátio do elevador: — "Diógenes, Diógenes, venha cá, depressa!"

Correram todos, mas não viram ninguém.

No dia seguinte, pela manhã, sabia-se da morte repentina daquele desportista, o qual, decerto, no momento do desenlace lembrou o seu mais dileto companheiro e veio chamá-lo, na iminência do perigo de vida em que se sentiu e conheceu lhe seria fatal.

༺༻

Fora dos milagres de curar doentes que foram ao túmulo pedir ao cadáver enterrado remédio para seus males, o Espírito de Santo Antônio de Pádua fez muitos prodígios benéficos, verdadeiros frutos de Caridade, bem característicos da ação benfazeja que os Espíritos de Luz exercem por seu intermédio.

Na vila de Serpa, em Portugal, havia uma certa Sara, devota sincera de S. Francisco de Assis e de Santo Antônio.

Malcasada, sofria torturas do marido, a tal ponto que se resolveu ao suicídio.

Certa noite em que o esposo permaneceria fora de casa, depois de recolhidos os da família, Sara preparou um laço de corda para enforcar-se;

mas, ao enfiá-lo ao pescoço, ouviu bater com estrondo à porta, obrigando-a a atender aos visitantes, que eram dois, vestidos de franciscanos: S. Francisco de Assis e Santo Antônio, em Espírito, materializados.

Acolhidos com as atenções que mereciam (embora Sara não soubesse quem eram os dois desconhecidos), e sendo-lhes servida ceia, encaminharam a conversa para o temor de Deus, o caminho da virtude, o valor da paciência nas aflições da vida, falando de tal modo que Sara mudou inteiramente de idéias, chegando a sentir-se criminosa só pela intenção que tivera de suicidar-se.

Algumas horas depois, os dois Espíritos apareceram em sonho ao marido, dando-se a conhecer, admoestando-o severamente e fazendo-o compreender as terríveis responsabilidades que lhe adviriam perante Deus, se se tornasse culpado do suicídio da esposa.

E o malvado homem, indo ao lar, e verificando a realidade do sonho, sem mais dúvida de que tivera a visão de Francisco de Assis e Antônio de Pádua, transformou-se, tornando-se modelar marido, e fiel no agradecimento à esmola que recebera da misericórdia divina.

Aos fanáticos das igrejas ou aos incrédulos do Espiritismo poderá parecer que somente um santo, privilegiado, terá poderes para salvar qualquer criatura à beira do abismo da morte pelo suicídio.

Eis uma bem recente prova em contrário, narrada, em 31 de outubro de 1927, por um diário nortista, absolutamente alheio à Doutrina Espírita.

Entre os náufragos do "Principessa Mafalda", chegados a Recife, Estado de Pernambuco, veio o cav. Eugênio Gambássi, comerciante e cônsul italiano em Ponta Grossa, Estado do Paraná, casado, pai de 13 filhos.

Sofrendo de reumatismo, quase sexagenário, ao afundar-se o navio, julgando-se irremediavelmente perdido, sacou do revólver e o levou à altura do conduto auditivo, no intento de suicidar-se.

Nesse instante, apareceu-lhe a figura de sua mãe, desencarnada havia 8 lustros, e uma voz lhe disse: "Lembra-te de tuas filhas Lola, Iolanda e Líbia", nomes que, sendo realmente os de suas filhas, ninguém conhecia a bordo.

Enquanto isso, mãos invisíveis lhe arrebataram a arma e o empurraram para a água, onde encontrou flutuante prancha, sobre a qual permaneceu até que foi salvo por uma embarcação.

Todos os milagres se reduzem, pois, à realidade de fatos espíritas, a despeito das negativas teimosas dos que não sabem ou não podem crer na ilimitada misericórdia dos seres que, libertos dos interesses e torpezas da sociedade terrena, põem em jogo forças capazes de salvar as criaturas dos maiores e horripilantes perigos.

Erro grosseiro, filáucia grosseira é pretendermos nós outros, os humanos, cegos, coxos e estropiados, traçar regras e limites à onipotência e consciência do Espírito, apegando-nos a textos que interpretamos com a miopia estrábica da nossa ignorância, fanatismo, parcialidade, interesse, egoísmo, orgulho.

Há muitos milhares de pessoas que ainda não esqueceram decerto o caso daquele desanimado homem que, resolvido ao suicídio, se internou nas matas de Jacarepaguá, para ali dar cabo da vida.

Chegando a uma clareira, deparou com vários objetos que alguém atirara fora, por inúteis, entre os quais havia alguns livros injuriados pela ação do tempo.

Pegou um deles, ao acaso. Era *O Livro dos Espíritos*, de Allan Kardec.

Percorreu-lhe várias páginas, e nessa leitura tanto se empolgou, que horas depois regressou ao lar, inteiramente dissuadido da criminosa idéia de desertar da Terra.

Quem o guiou para o local onde teria conhecimento das verdades reveladas nesse livro contra o inominável crime do suicídio?

Outros milhares de criaturas recordam sem dúvida o caso de um candidato à morte voluntária, por motivo de profundos desgostos íntimos, o qual, transitando certa noite junto da porta de entrada da

Federação Espírita Brasileira, sentiu misteriosa voz dizer-lhe: "Vai ouvir o que estão dizendo aí."

Subiu a escadaria e penetrou no salão das sessões, onde se estudava um ponto doutrinário, sobre o suicídio.

Falava Manuel Quintão, com aquela eloqüência e brilho que os Espíritos acionam, servindo-se do cabedal riquíssimo desse consagrado pregador da Terceira Revelação.

O resultado só se soube depois, quando o ex--suicida foi levar pessoalmente agradecimentos pela luz espiritual que recebera e o livrara da morte a que estava resolvido.

Milagre? Não; Caridade dos Mensageiros do Céu, espargindo as esmolas dessa luz que muitos teimam em negar, porque pensam que jorra dos seus próprios olhos e não querem crer que possa vir de fora da estreita circunferência das nossas crenças terrenas.

Em vão, porém, tentaremos fechar dentro desse círculo estreitíssimo da nossa compreensão a Verdade triunfante que se espalha pelo mundo inteiro.

Inutilmente, o dogmatismo das crônicas seitistas decretam a infalibilidade das interpretações, pois os acontecimentos repetidos destroem, a cada época, a pretensa certeza de tais exclusivismos.

No confronto de qualquer meia dúzia de milagres está sem dúvida esboçado um clarão a iluminar a penumbra da nossa imensa e insanável ignorância das coisas do Infinito e da vida universal que se interpenetra de mundo a mundo.

As religiões se fundam, modificam, desaparecem, substituídas ou esmagadas pelas lutas das competições; seus corifeus, homens falíveis — Espíritos culpados — gritam dogmas e inventam ritos, absolvem e condenam, enfeitando-se vaidosa e ridiculamente com o título de representantes e intérpretes da Palavra de Deus sobre a Terra...

Mas, afinal, tudo se esvai, se afunda, na voragem do Tempo — sem ampulheta de medida no Infinito — e ficam apenas, eternamente renovadas, as revelações de um poder fora do domínio das inteligências humanas, a produzir — milagres — que são as manifestações das verdades do Espiritismo, centelhas de luz vincando a cortina do Mistério; linfa cristalina, lavando o lodo do Passado; sol fulgente e sempiterno iluminando os pincaros do Futuro.

Resta que cada criatura, depois de conhecer as afirmativas indestrutíveis dos fatos espíritas, saiba colher os frutos de tão fértil sementeira de verdades, sem falhar nos testemunhos a que seja chamada pelos desígnios daqueles Espíritos que trabalham no progresso terreal, mesmo com os nomes de santos da Igreja Católica Apostólica Romana.

Mas, essencial é que o crente saiba irradiar, esplender tal Fé, grandiosa, no lar, no seio da Família.

O lar, todos o sabemos, é a miniatura de um mundo, e os mundos precisam de Luz, não vivem de trevas.

E a principal luz da vida pública ou doméstica é a paz.

Santo Antônio foi por excelência o apóstolo dos lares, onde derramou sua ação mediúnica, durante toda a sua vida de homem.

Pacificar — foi o seu lema. Os crentes devem ter a Fé esclarecida, para que a escuridão do Mal jamais os atormente e divida.

Assim, unidos pela força de uma crença bem sã, é indispensável que se amem, respeitem e perdoem, em obediência aos preceitos dos mandamentos divinos, que não permitem lutas e iniqüidades entre filhos do mesmo Pai, entre irmãos do mesmo credo.

Aplacando iras de povos, com os seus sermões inigualados, apagando ódios seitistas que dividiam concidadãos e confrades, Santo Antônio preconizou a supremacia do lar, das mães.

No lar, a Mãe de Família deve ser um sol, em torno do qual girem — à semelhança de satélites — outras estrelas, os filhos, todos espargindo luz mutuamente, luz de Amor, no mesmo ritmo estabelecido pelas leis da mecânica celeste; dentro do

Conhecimento, pela Fé, as criaturas se atraem na razão direta do Amor de Deus e na inversa do Egoísmo e das inferioridades morais.

Ninguém pode ser bom, evoluir para o aperfeiçoamento espiritual, ser feliz e receber as bênçãos de Deus, se não souber exercitar as virtudes dos bem-aventurados dentro do lar, amando para ser querido, buscando a felicidade dos seus para que os outros procurem fazê-lo feliz também.

E os que acreditam em santos, e lhes pedem proteção, devem crer no Espírito que já deixou a Terra, e elevar até a Pátria dos Verdadeiros Vivos o seu pensamento, invocando a assistência dos que distribuem as esmolas da Caridade Divina, libertando-se da crendice que ensina procurar Deus dentro dos templos, e que inventou poderes milagrosos para imagens de pau e pedra, fabricadas pela mão dos homens.

É por isso que o Espiritismo se dirige às mulheres, filhas de hoje, mães de amanhã, apontando-lhes as diretrizes espirituais de que são depositárias e grandes responsáveis.[1]

Na Pátria da Verdade, a Paz está com Deus, e de Deus a recebem os Espíritos bons; na Terra, a Paz deve estar com as mães, e delas a devem os filhos receber.

---
1 Veja-se no Apêndice, o título — *A missão da mulher*.

A Paz é Amor em ação; Amor quer dizer Harmonia.

Felizes serão as criaturas humanas no dia em que todas as mães souberem praticamente o valor destes ensinamentos, vindos do Espaço, trazidos pelos Espíritos do Senhor dos Mundos, e souberem também criar seus filhos rigorosamente convencidos e servidores desses preceitos, que são o abecê da Verdade, dessa Verdade que conduz à Paz de Espírito, alicerce, ponto de partida de todas as venturas.

Sem essa Paz ninguém poderá ser feliz em qualquer lugar, em sentido algum.

Que é necessário para início do reino da paz nos lares, que Santo Antônio tanto amou e protegeu nas suas inúmeras delegações recebidas dos Espíritos Superiores?

Basta que cada crente, libertando-se de todos os preconceitos dos rótulos seitistas, aceite Deus diretamente do Infinito para o seu Espírito de criatura que ascende para a perfeição moral.

É tempo de encarar, olhos abertos, sem temor e sem terrores desarrazoados, as verdades que vêm surgindo.

Urge que cada crente aprenda a orar sem palavras estudadas, com o sentimento espontâneo da sua fé, mais com a vibração do pensamento do que com os vocábulos coordenados pela inteligência.

Só assim a criatura se coloca e põe o seu lar sob a proteção dos anjos de guarda, dos santos verdadeiros — Espíritos evoluídos, poderosos, benévolos, capazes de acudir e atenuar os naufrágios a que nos expomos, incautos, nas frágeis naus da vida.

Deus (o poder protetor — qualquer que seja o nome dado em cada ponto de vista ou credo filosófico), Deus ouve todos os seres e manda Seus enviados a todos os recantos dos mundos da Criação — infinita e eterna.

Não é erro, nem insânia depositar esperança e fé no Espírito de um santo; mas é mister amá-lo em Espírito, sem culto material, sem o egoísmo das recompensas, dos interesses humaníssimos.

Tudo se obtém dentro das condições predeterminadas nos insondáveis desígnios do Alto, onde se refundem as vidas, para as reencarnações, e traçam os destinos irrecorríveis.

Não importa que a Santo Antônio um seu confrade haja vaticinado a santidade, a canonização.

Os médiuns também fazem previsões, ditadas pelos Espíritos, que falam dentro ou fora dos conventos, onde quer que seja oportuno um testemunho da imortalidade da alma.

Eis a comprovação de que se pode obter a previsão de acontecimentos futuros, profetizados em condições que não deixam dúvidas sobre a origem de tal premonição, isto é, de ser ditada de fora da condição humana.

A narrativa consta do célebre *Relatório sobre o Espiritualismo*, da Comissão da Sociedade Dialética de Londres (trad. francesa, Paris, 1900, páginas 191 e 192).

"Nós, diz o Sr. Manoel Eire, havíamos formado, em Cleveland, Ohio (Estados Unidos da América do Norte), um círculo entre amigos.

Depois de algumas comunicações e fenômenos físicos, a Sra. Marcready, a conhecida artista dramática, e uma outra, a quem chamarei Sra. Nigh, perguntaram se se tornariam a ver algum dia. A resposta, dada por um Espírito que tomou o nome de Queenah, foi: "Sim, vós vos tornareis a ver, em Inglaterra, e em condições bem penosas e dolorosas. A essa época, a Sra. Nigh estará viúva."

Tal cena apagara-se da memória da Sra. Marcready e da minha, e fora completamente esquecida.

Contudo, quando a Sra. Marcready visitou o Asilo de Alienados de Camberwell e ofereceu uma refeição aos internados, uma das primeiras perguntas que lhe fez o médico foi: "Conheceis a senhora Nigh? Ela diz que vos conheceu na América, e reclama a vossa presença, desde quando soube da vossa chegada." Ao que a Sra. Marcready respondeu: "Não; e isso constitui uma das suas visionices."

Terminada a refeição, o doutor disse de novo à Sra. Marcready: — A Sra. Nigh afirma, com insistência, que vos conheceu, e pediu vos dissesse: "Queenah-Cleveland".

A sessão realizada dez anos antes reveio então à memória da Sra. Marcready, e, estando a saudar as enfermas, a Sra. Nigh, em pranto, se lhe precipita em presença, exclamando: — Não vos lembrais de mim? E repetia: Queenah-Cleveland!

A Sra. Nigh havia perdido seu esposo, sofrido grandes reveses de fortuna, que a tornaram débil mental, realizando-se assim o predito encontro."

Ao pessimismo de quem possa suspeitar da absoluta fidelidade do acontecimento, que foi objeto de inquérito procedido por uma comissão de homens eminentes e eruditos, apenas uma pergunta:

— Quem poderá, pelos recursos comuns da inteligência humana, prever, preparar e realizar acontecimentos futuros, que importem na completa subversão das condições econômicas e mentais de outrem, em cuja vida não tenha ingerência?

◈

Em vão o materialismo dos incrédulos e o fanatismo dos arregimentados das seitas negam a origem espírita dos fenômenos que pairam acima da sua imediata compreensão; os Espíritos, porém, a despeito de tudo, inacessíveis aos atritos das rivalidades humanas, não cessam de colocar, ao lado dos milagres, fatos que, idênticos, se processam sem a encenação das auréolas prévias. O rev. Dr. Carlos das Neves, na sua douta *História do Taumaturgo* (edição de 1899, vol. II, páginas 94-95), assim resume os dois milagres de Ressurreições — catalogados, para a canonização, sob n°s 45 e 46:

— No condado de Pádua havia uma menina chamada Eurília, que, tendo a infelicidade de haver caído numa grande fossa cheia d'água, foi ali depois encontrada já morta, cujo falecimento foi verificado por muita gente.

Perdidas as esperanças de restituí-la à vida por meios naturais, sua mãe recorreu então fervorosamente a Deus, pelo valimento prodigioso do bem-aventurado Antônio, prometendo-lhe uma grande imagem de cera, se ele permitisse ressuscitar-lhe a filha.

O miraculoso santo ouviu-a realmente, pois, passado algum tempo, a menina começou a descerrar os lábios, depois os olhos, foi recuperando o calor natural da vida, e, por último, ficou inteiramente boa, louvando todos o poder maravilhosíssimo do Taumaturgo.

— "Semelhantemente, na cidade de Comácchio[1], um homem, chamado Domingos, havendo saído

---

[1] Opto por esta grafia, que é a do *Dicionário de Geografia*, de Bouillet, de vez que o Rev. Dr. Carlos das Neves refere a dúvida existente a respeito.

de casa acompanhado de um seu filho, a certa distância deu surpreendidamente pela falta dele.

Voltando atrás, procurou com grande cuidado seu filho, e ficou transido de dor quando, por fim, o encontrou, afogado numa lagoa.

Transportado o seu cadáver para casa, onde então a mãe da criança desmaiava de aflição, esta infeliz recorreu logo ao poder miraculoso de Antônio, com uma promessa de confiança.

Em pouco tempo o cadáver do jovem voltou à vida natural, sem mais perigo algum."

Aos santos, os devotos prometem retribuição ao milagre, sem refletir na incoerência da oferta em si mesma.

Que utilidade poderá ter para Antônio de Pádua, fora da Terra, no Espaço, uma grande imagem de cera?

Não será mais cristã, mais evangélica a abnegação e anônima gratuidade com que os Espíritos curam os enfermos e ressuscitam os julgados mortos, mediante uma prece, um angustiado apelo formulado no recesso de um pensamento aflito?

Não valem, acaso, os fenômenos, por prova indestrutível da ação dos Espíritos?

Eis um caso de natureza miraculosa, de ressurreição de um cadáver, assim considerado pelo corpo médico de conceituado estabelecimento hospitalar, e narrado pela brilhante pena do distinto escritor Heitor Modesto, Redator de Debates da Câmara dos Deputados, o qual alia ao mérito literário indiscutível idoneidade moral:

"A narrativa que me foi feita pelo Sr. J. G., capitalista, homem culto e lúcido, eu a ouvi na presença do meu ilustre amigo Dr. Domingos Barbosa[1], este ano (1925), em São Lourenço.

O Sr. J. G. internara sua esposa numa das mais afamadas casas de saúde desta Capital, para sujeitá-la a uma delicada operação cirúrgica.

Realizada esta, foi declarado pelos médicos presentes, *depois de rigorosa verificação* (o grifo é da transcrição), que a operada sucumbira. Estava morta.

O marido, não se conformando com o veredicto dos médicos, fez com que ministrassem à — morta — várias injeções, sem o menor resultado.

Isso aconteceu à tarde.

Amigos e parentes se encarregaram das providências exigidas em tais casos, e o corpo foi vestido devidamente, rodeado de círios e coberto de flores, enquanto aguardava a hora do enterramento, que seria no dia seguinte.

Ao velar, longas horas durante a noite, o — cadáver — da esposa, o Sr. J. G. não se conforma-

---
1 Eminente parlamentar, abalizado médico e erudito escritor.

va com o desenlace brusco daquela vida tão cara aos seus sentimentos de amor conjugal.

Era como a gota d'água a bater naquele monoideísmo tenaz: — Ela não morreu!

Quase à meia-noite conseguiu ele, ainda uma vez, que o médico de plantão, num gesto mais de delicada concessão social, que de alcance científico, desse no — cadáver — mais uma injeção, aliás sem resultado algum.

Pela madrugada, ao passar um enfermeiro pela porta do quarto onde estava — a morta —, pediu-lhe o favor de fazer mais uma injeção no corpo da esposa, porque — estava certo de que ela não morrera.

O enfermeiro propôs-lhe de preferência um calmante para os nervos, visivelmente abalados pelas emoções violentíssimas que havia sofrido o já então viúvo. Não era mais possível recurso algum, além de que o médico de plantão estava dormindo.

Não se conformou o Sr. J. G. com a desculpa do enfermeiro, e foi em pessoa acordar o médico e pedir-lhe que mais uma vez desse uma injeção no corpo, considerado há muito como cadáver.

Após relutância tenaz e quase agressiva, o médico, vendo que não havia outro meio de repousar, consentiu em levantar-se e ir à câmara mortuária fazer — pela última vez — uma tentativa de trazer de novo à vida a operada da véspera.

Feita a injeção, momentos depois o corpo começou a suar, não tardando a manifestação de movimentos de pálpebras, denunciando a vida.

Tão sensacional foi esse caso, que ainda agora, segundo diz o Sr. J. G., o ilustre Diretor da Casa de Saúde onde ocorreu, quando encontra o ex-viúvo, costuma perguntar: — Como vai a nossa ressuscitada?

Como explicar esse fato?

Simples coincidência de morte suposta com o abalo nervoso do esposo inconsolável? Monoideísmo resultante de ligação ódica entre os esposos? Sugestão de qualquer entidade invisível?

São passados quatro anos, desde que a senhora J. G. voltou à vida.

Dizem os médicos que foi a injeção que fez voltar à vida o corpo da morta aparente.

Oficialmente está certo. Se os médicos têm o privilégio de decretar a morte, devem tê-lo também para sancionar a volta à vida...

A Sra. J. G. até hoje está viva. Ela mesma ouviu a narrativa de sua morte, e sorria ao esposo amantíssimo, ao vê-lo narrar o seu desespero, quando a julgou perdida para sempre."

Aliás, não constitui grande raridade a ressurreição de criaturas que tiveram atestado de óbito passado por médicos — em boa-fé e sincera convicção da morte do paciente.

O Dr. Carlos Seidl, que foi Diretor da Saúde Pública, eminente pelo saber e pela invulgar idoneidade moral, fervoroso católico, refere em suas *Preleções de Medicina* o caso de um doente grave que, julgado morto, foi transportado à noite, para o necrotério do Hospital S. Sebastião, onde permaneceu durante muitas horas.

Na manhã seguinte, o encarregado de serviço encontrou o ex-defunto sentado na mesa de mármore onde fora estendido.

Recambiado para a enfermaria, ali se restabeleceu e teve alta, perfeitamente são.

Embora a ciência oficial não admita — coerente com os seus princípios basilares — a intervenção de forças desconhecidas agindo de modo anormal, prodigioso, nesses casos, a verdade é que o poder mediúnico de um ente humano pode polarizar elementos suficientes para fazer retornar à vida plena o corpo que, *cientificamente* investigado, estava morto para todo o sempre.

E esse dom não é privilégio dos santos, das criaturas investidas de hierarquias espirituais terrenas.

A força do Espírito vem do Infinito.

E vem do Infinito, não somente para deslumbramento desses olhares ávidos de novidades interessantes, que não sabem tirar ensinamentos do grande livro da vida, escrito pelos mestres incansáveis — tão mal recompensados pela rebeldia dos que teimam em não aprender o divino alfabeto —, chave para decifrar o aparente mistério da vida eterna.

E bem mal recompensados, porque os mesmíssimos narradores dos prodígios de Antônio de Pádua ficam às vezes duvidosos de que certos fenômenos sejam possíveis de ocorrer.

É o insuspeito rev. Dr. Carlos das Neves quem registra no seu citado livro a restrição quanto ao transporte de Antônio que, estando a predicar na igreja de S. Pedro Quadrívio, em Limoges, surgiu subitamente no convento da Ordem, onde devia cantar nas solenidades da quinta-feira santa.

Entretanto, o caso é documentado fartamente, no sentido de que o Espírito pode transportar-se a distância, e, com o duplo materializado, exercer atos concretos, nitidamente físicos, de natureza corporal — e pode também conduzir-se ou ser levado com o corpo a essas mesmas distâncias e à prática de atos materiais.

Os casos de desdobramento (bilocação) materializado não ocorrem com frequência, mas o seu registro constitui, ainda assim, incontestada prova de que o Espírito pode desprender-se do corpo, transportar-se a distâncias, aí adquirir forma palpável, falar, mover-se, agir, em suma, bem materialmente, sem possibilidade de dúvida sobre a identidade da pessoa em causa.

No livro — *O homem e suas afinidades*, o Dr. Britten reproduz, por extenso, a carta em que E. V. Wilson narra um dos mais típicos fenômenos desse gênero, o qual foi objeto de verificação cuidadosa, tornando-se, por isso, clássico e aceito pelos mais escrupulosos autores (Aksakof, Delanne[1] e outros):

"Sexta-feira, 19 de maio de 1854, estando sentado à minha secretária, adormeci com a cabeça apoiada na mão, e assim permaneci cerca de 30 a 40 minutos.

Sonhei que me encontrava na cidade de Hamilton, a 40 milhas inglesas a oeste de Toronto, procurando várias pessoas para delas receber dinheiro.

Terminado o meu giro, pretendi ver uma senhora de meu conhecimento e que muito se interessava pelo Espiritismo.

Sonhei ter chegado a sua casa e batido à porta. Uma criada veio atender, informando que a Senhora D... havia saído e não regressaria antes de uma hora.

Pedi um copo d'água, que a empregada trouxe, indo-me embora, depois de encarregar a doméstica de transmitir as minhas saudações à sua patroa.

---

[1] *Animismo e Espiritismo*, tradução italiana, págs. 663-4; *Les aparitions materialisées*, edição 1901, vol. I, págs. 288-9.

Pareceu-me regressar a Toronto, mas, em seguida, despertei, e não mais pensei no que sonhara.

Alguns dias mais tarde, uma senhora que habitava em Toronto, em minha residência, a Senhora J..., recebia uma carta da Sra. D..., datada de Hamilton, com o seguinte recado: "Diga a Wilson que ele tem curiosos modos de proceder e que eu lhe rogo deixar-me, na próxima visita, seu endereço, a fim de poupar-me o trabalho de percorrer, inutilmente, todos os hotéis de Hamilton.

Sexta-feira última, veio a minha casa, pediu um copo d'água, deu seu nome e incumbiu a criada de transmitir-me seus cumprimentos. Conhecendo o interesse que tenho pelas manifestações espíritas, bem podia ele conduzir-se, parece-me, de modo a passar a noite em nossa companhia.

Foi uma desilusão para todos os nossos amigos.

Não esquecerei de dizer-lhe este meu modo de pensar, em nosso próximo encontro."

À leitura desse tópico, não pude deixar de rir, e disse: "A Sra. D... e os seus amigos erraram ou tinham a cabeça em desordem, pois desde há um mês que não vou a Hamilton, e no dia e hora indicados eu dormitava no escritório do meu armazém."

A Sra. J... contentou-se em observar que evidentemente haveria erro por parte de alguém, porque a Sra. D... era pessoa respeitável e merecia toda a confiança.

Um lampejo de luz atravessou subitamente meu espírito; lembrei-me do sonho, e disse, em tom de mofa, que o visitador outro não era senão o meu fantasma.

Encarreguei o Sr. J... de escrever à Sra. D..., comunicando que dentro em pouco iria a Hamilton, em companhia de amigos, e que assim em conjunto nos apresentaríamos a visitá-la; que eu podia não dar aviso aos empregados da nossa presença, a fim de que um ou outro, dos serviçais, à interrogação dela, reconhecesse entre os recém-chegados o Senhor Wilson, que ali se apresentara em 19 de maio.

A 29 seguinte, transportei-me com alguns amigos para Hamilton e irrompemos em casa da Senhora D..., vindo ela pessoalmente abrir a porta e nos fazer entrar no salão.

Pedi então que chamasse seus domésticos e lhes indagasse se recordavam da fisionomia de algum dos presentes.

Dois dos servos reconheceram-me pelo visitante do dia 19 e que declarara chamar-se Wilson.

Ambos me eram completamente desconhecidos, e tenho certeza de jamais havê-los avistado."

Autonomamente, ou sob a ação de forças espirituais externas (o nome da origem não influi), a forma corporal se duplica ou desdobra, se transporta ou é levada a enormes distâncias, sem que a consciência do paciente (médium) pareça aperceber-se do fenômeno.

Lastimável, para compreensão do ensinamento correspondente, é atribuir-se o fato a uma causa meramente seitista, pretendendo-se que a faculdade de produzi-lo está ligada à condição de crente ou confrade de uma instituição religiosa qualquer.

O Espírito age na criatura dentro das faculdades de que é dotada, sem atentar em qualquer circunstância de natureza puramente humana, social. Ignoramos as condições, as leis que dão lugar ao fenômeno, mas a sua realidade é indubitável, certa.

Sob a assinatura do Dr. Franz Hartmann, a *Revista de Estudios Psíquicos*, de Valparaíso (Chile), inseriu interessante artigo sobre — Que é a matéria? — o qual assim começa:

"Até agora não nos deu o mais convencido conhecedor do conceito materialista do mundo uma resposta satisfatória a esta pergunta; pois com a mera descrição de uma coisa a que alguém chama — *matéria* — não se disse nada acerca da essência própria da mesma, e há certos fatos incontroversíveis, idôneos para contradizer as opiniões de certos sábios a respeito dos atributos da — *matéria*.

Não longe da minha residência, no sul do Tirol, acha-se uma pequena aldeia chamada Radein. Está situada a 4.686 metros acima do nível do mar, e é muito fatigante o caminho que a ela conduz.

O lugar se compõe de algumas casas de camponios, e em uma dessas vivia há alguns anos uma jovem tirolesa órfã, de nome Angélica Darocca, em companhia de três irmãos.

Ela habitava o único quarto, enquanto que seus irmãos dormiam no desvão.

Era muito piedosa e geralmente conhecida pela designação de — a jovem maravilhosa de Radein.

O maravilhoso nela consistia em que, além de não comer, nem beber durante sete anos, embora estivesse de plena saúde, desaparecia várias vezes e repentinamente do seu leito, como por encanto, e desse mesmo inexplicável modo tornava a aparecer.

Tinha os *estigmas* (cicatrizes do Cristo) nas mãos e nos pés e nas costas, e era considerada santa por toda a comarca; mesmo de muito longe peregrinavam centenas de mulheres, com seus filhos, para que ela os abençoasse.

Ela abraçava as crianças e as beijava, e precisamente por isso se explica como podia viver sem comida, nem bebida visível, pois, sem que soubesse, vampirizava as crianças e delas extraía força vital.

Cresceu a multidão, e o caso foi o que se chama "uma vergonha para a Ciência", que não podia explicá-lo; os jornalistas fizeram, conforme o costume em semelhantes circunstâncias, seus néscios comentários, e finalmente o clero proibiu as visitas para dar um termo à perturbação dos crentes.

Além disso, Angélica desejava descansar, e, compreendendo constituir pesado fardo para seus irmãos, lembrou-se de ir para um convento. A seu rogo, o bispo de Trieste lhe conseguiu um lugar no mosteiro de freiras em Meran.

A 17 de novembro, à noite, vieram as monjas, que falaram com ela e prometeram levá-la na manhã seguinte. Quando voltaram, porém, Angélica havia desaparecido sem que se soubesse o destino que tomara.

Fizeram-se pesquisas na casa, ficando as freiras estupefatas a princípio, até que os irmãos de Angélica as tranqüilizaram, dizendo não ser a primeira vez que sua irmã desaparecia de tão misteriosa maneira, e que decerto em breve retornaria.

Transcorreram sete dias, e a 25 de novembro, estando os irmãos e alguns vizinhos a orar no aposento da moça, conforme costumavam fazer, repentinamente Angélica se encontra de novo em seu leito, sem que, interrogada, saiba dizer onde havia estado durante os sete dias da sua desaparição.

Cerca de dois dias depois, uma senhora de Bozen recebeu, de amiga residente em Roma, uma carta em que lhe referia ter ali chegado bonita e jovem tirolesa, de nome Angélica Darocca, natural de Radein, e permanecido em sua casa alguns dias, sem que comesse ou bebesse durante a estada.

Havia ido com ela à igreja de S. Pedro e a outras, e mostrado as coisas notáveis.

Depois, a 25, pela manhã, a jovem desapareceu de repente.

Pedia finalmente a carta à senhora de Bozen que se informasse sobre se, com efeito, residia em Radein (distante 600 quilômetros de Roma) uma jovem chamada Angélica Darocca, e dela indagasse que havia feito."

Se essa estranha criatura, com a rara faculdade sua, houvesse ingressado em ordem religiosa, possivelmente, agora, estava em graça, a fazer — milagres — quase santa, envolta na dupla auréola da beleza e da força espiritual, para glória do seu convento e prazer dos devotos seus, sinceros.

Teria decerto podido transportar-se, a exemplo de Antônio de Pádua, e salvar da morte algum inocente, vítima de tremendo erro da falível justiça humana.

Ficando, porém, na vida secular, terminou a ruidosa trajetória num casamento bem feliz, ligando seu destino ao de honrado hoteleiro da fronteira italiana.

Bem feliz o matrimônio, pois perdeu o dom que tantos males lhe causara.

A identidade dos casos de materialização instantânea, a distância, mostra que, inutilmente, tentará alguém firmar as linhas divisórias que separam a Religião e a Ciência na luta pela supremacia dos seus dogmas — que os fatos aluem e derribam a cada estágio do progresso intelectual.

O caso da mulher que, impedida pelo marido de assistir a uma pregação de Santo Antônio, ouviu o sermão a distância de duas milhas, do último andar do prédio, olhos voltados para o local — encarado pelos crentes, é um milagre privativo dos santos.

Para a Ciência, o fenômeno está catalogado na — *audição mórbida por excesso* — hiperacusia, embora essa mesma ciência fique embaraçada para explicar e *definir* em si o que seja tal aumento de percepção, de vez que afirma: "A hiperacusia é subjetiva, e esse fenômeno tem sido assinalado como estigma psíquico no degenerado."[1]

Apesar do dogmatismo respeitável dos dois pontos de vista soberanamente opostos, os casos comuns, simples na sua espontaneidade, porque

---

1 Dr. A. Marie – *L'Audition morbide*, edição 1908, pág. 59.

não rodeados de circunstâncias místicas, nem de controles experimentais de laboratórios — surgem a atestar que a voz humana — emitida sob o impulso de uma vigorosa concentração de pensamento — tem força para vencer grandes distâncias e chegar à audição de ouvidos colocados bem longe.

A famosa e idônea coletânea do erudito Camilo Flammarion arquivou o seguinte e eloqüente caso:

"Uma menina, amiga de minha mulher e que vivia conosco na Austrália, partira a cavalo rumo da cidade, onde ficava o Correio, a 12 quilômetros de distância, aproximadamente.

Minha mulher e eu, que estávamos em casa, dois criados e meu filho adotivo, um belo rapaz, ouvimos todos, pouco depois, a referida menina gritar e chamar: Ó Johnie, Johnie! Era este o nome do moço, companheiro habitual da linda amazona.

Saímos todos ao mesmo tempo, mas não ouvimos, nem vimos ninguém (a habitação era isolada, sem outra, num raio de 5 quilômetros).

Passada uma hora, quando ela regressou, disse-nos que, em certo local distante 7 quilômetros pouco mais ou menos, tendo de abrir uma cancela, quisera fazê-lo sem apear-se, e curvara-se no selim para deslocar o anel de ferro que servia de fecho.

Por qualquer causa inapercebida, o cavalo tivera medo, saltara para o lado, deixando-a presa na estacada.

Disse-nos que bradara então por socorro, e imaginara que Johnie estava por detrás dela. Tendo alcançado afinal o cavalo, chegara a nossa casa, sem outro incidente, além do susto. Era absolutamente impossível ouvir a sua voz através da região cheia de bosques que a separava de nós.

O que parece estranho é que os outros, que não têm a mesma sensibilidade magnética que eu possuo, ouvissem o grito tão claramente e ao mesmo tempo que eu.

Todos responderam imediatamente ao brado, saindo de diversos compartimentos onde trabalhavam, e dirigiram-se à entrada da habitação, na suposição de encontrar a pessoa que chamava, embaraçada com qualquer grave dificuldade.

Ficaram todos surpreendidos, não vendo ninguém, nem mesmo na extensa planície, orlada pela floresta, que essa pessoa teria de atravessar."[1]

---

1 *A morte e seu mistério* – Tradução brasileira, vol. II, págs. 122-3.

A perversão dos costumes, a degenerescência do sentimento religioso que se verificou através dos tempos, subverteu o conceito do verdadeiro mérito e desvirtuou a noção do que se deve considerar — santo.

Nos primeiros tempos do Cristianismo, quando houve os grandes mártires, os excelsos apostolados, inspirados pela fé mais pura, coexistiu o ambiente de solidariedade fraterna, a abnegação mútua, o sacrifício recíproco, de modo que não causavam espanto os repetidos fenômenos da assistência espiritual aos discípulos de Jesus.

O sentimento religioso, exteriorizado na prece e nos atos de legítima fraternidade espiritual, atraíam as forças do Espaço sobre as criaturas e sobre os lares, de modo que todos os sucessos tinham a naturalidade determinada pelo uníssono sentir de todos os crentes.

Os Espíritos que reencarnavam com a missão de fazer progredir o rebanho do Mestre, não se confundiam na turba dos simuladores, porque seus atos eram testemunho dos sentimentos que os inspiravam; quando falhavam na tarefa, enrodilhados nas tentações dos prazeres ou ofuscados pela sedução dos interesses materiais, revelavam imediatamente a impossibilidade de realizar qualquer dos atos que até então serviam de característico aos seguidores do Cristo.

Não eram as hierarquias sociais ou econômicas que determinavam as escolhas dos dirigentes espirituais dos adeptos, e sim os dons espirituais que haviam formado a auréola dos prediletos.

Antônio de Pádua ascendeu às culminâncias da adoração das turbas apenas por esses dons do Espírito, pelos tesouros da assistência do Espaço, porque, de bens materiais, ele possuiu apenas o burel que vestia.

O espanto que causou era filho da impiedade reinante, da corrupção dos seus confrades, dos falsos crentes, que serviam à fé tão-somente com os lábios, bem metidos na censura do Cristo, quando disse: "Honram-me com a boca, mas longe de mim estão seus corações" (Mateus, 15:8; Marcos, 7:6 e 7).

Antes, porém, não era assim raro o galardão ao mérito espiritual.

No ano 340 de nosso calendário nasceu um menino, tido pelo mesmo Espírito de Platão, em vista do fenômeno com ele ocorrido, idêntico ao do famoso discípulo de Sócrates.

Criança ainda, dormia certa vez o futuro Santo Ambrósio, respirando com a boca aberta, quando um enxame de abelhas veio pousar em sua cabeça, as quais entravam na boca do menino e dela saíam.

Tomado esse acontecimento por presságio de força e de doçura, de eloqüência da palavra do então infante, o prognóstico não falhou, pois Ambrósio, que era filho de um prefeito do pretório dos Gaulos, aprendeu rapidamente os conhecimentos iniciais e fez sucessivos progressos, aprendendo grego, esmerou-se na poesia e adquiriu fama na oratória.

Indo a Milão, aí teve oportunidade de defender, com extraordinário brilho, várias causas forenses, captando as simpatias e a admiração de Anícus Próbus, prefeito do pretório, que o fez seu assessor.

Pouco tempo depois era nomeado governador da Ligúria.

Despedindo-se do amigo e ex-auxiliar, Anícus Próbus disse-lhe estas palavras proféticas: "Vai, e age com o critério de um bispo, e não com o de juiz."

Vagou a dioceses de Milão.

Católicos e arianos (dissidentes que não aceitavam a consubstanciação do Pai e Filho na chamada Santíssima Trindade) estavam em luta, pretendendo cada facção eleger um bispo da sua parcialidade.

Ambrósio, o governador, vendo que a exaltação dos ânimos poderia degenerar em luta violenta, resolveu intervir com os seus conselhos, e para isso procurou a igreja onde teria lugar a assembléia respectiva.

Seu discurso, salientando a necessidade de agir com a maior moderação em tão delicado assunto, foi cheio de eloqüência e sabedoria, impressionando profundamente o auditório, e de modo tão eficiente que um menino (atuado, quiçá) exclamou: "Seja Ambrósio eleito"

Cessou o tumulto, e ambas as facções se uniram para proclamar o governador civil — Ambrósio — bispo de Milão.

Não predominavam ainda na Igreja Cristã as tirânicas hierarquias, de modo que os pastores espirituais eram escolha dos próprios crentes, bem melhores juízes dos méritos dos escolhidos, do que qualquer outra suprema autoridade, nomeando, a distância, o preferido pelas mais ponderosas conveniências de política ou de família.

Ambrósio, aterrorizado ante as responsabilidades do cargo, ele, que possuía apenas a cultura científica, filosófica, jurídica e literária — meramente profana, envidou todos os esforços para fugir à investidura, indo ao extremo de tentar uma fuga, que falhou de modo nitidamente fora do natural.

Ante a relutância formal do eleito, crentes e clero subordinado dirigiram-se à autoridade real,

153

obtendo em resposta a homologação da escolha, com palavras de lisonjeado agrado.

Tanto era o poder da virtude, do ilibado caráter, capaz de elevar, por eleição unânime, à curul episcopal um cidadão que *nunca fora batizado*.

Foi preciso levar à pia batismal o *bispo*, e investi-lo nas ordens menores do rito canônico, para, afinal, a 7 de dezembro de 374, ser sagrado bispo de Milão, contando sete lustros incompletos de idade.

Dedicando-se intensamente ao seu sacerdócio, conservou o mesmo prestígio junto do imperador Valentiniano, e obteve aplauso e felicitações de S. Basílio e de outras eminências da Igreja de então.

Além de notáveis atos, discursos e milagres que operou, Ambrósio galgou as culminâncias da doutrina, sendo considerado o maior entre os quatro maiores doutores clássicos da Igreja.

Médium, Ambrósio não teve necessidade de iniciar uma vida de frade, a exemplo de Antônio de Pádua, para cumprir a sua brilhante missão e deixar as eruditas obras que escreveu e serviram para instrução de muitas almas nas verdades do Cristianismo, o que comprova exuberantemente estar a força mediúnica acima de todas as convenções humanas, possuindo o poder de erguer, em dado momento, um pagão (sem batismo) às alturas do episcopado e à glória de doutor da Igreja, sem que esse homem houvesse jamais passado pelas celas dos conventos, nem engrolado o latim das missas!

Se tivesse vivido naqueles primitivos tempos de fé simples e verdadeira, Antônio de Pádua haveria de emergir assim gloriosamente, sem o passaporte da tonsura, para o esplendor da vida eterna!

∽

Para compreender a missão de Espíritos da estirpe de Antônio de Pádua, é mister aceitar a doutrina que a explica como correspondendo às necessidades de cada época, e à tarefa que cada um dos missionários deve desempenhar dentro do quadro social do tempo.

Se os frutos de tais labores espirituais não são completos e definitivos, tal se deve exclusivamente à inevitável degenerescência contingente da natureza humana, que não apreende a espiritualidade integral da religião e a desfigura, arrastando-a, adaptando-a aos interesses da vida material.

Tudo se destrói pelo exagero.

Deslumbrados pelas maravilhas operadas por esses Espíritos de elite, aguçada a ambição, os crentes vão deturpando — pelo exagero — o culto espiritual dos santos e destruindo, virtualmente, o valor e a grandeza da auréola que forma a glória dos privilegiados protetores do Espaço.

Certa vez, Santo Antônio convidou um dos seus companheiros para pregarem em determinado templo; mas, regressando ao convento, sem que houvesse pronunciado sermão algum, nem propiciado ao companheiro oportunidade de fazer-se ouvir no templo onde haviam estado, o frade interpelou Antônio:

— Por que não pregaste, meu irmão?

— Crede-me — respondeu Antônio —, nós dois pregamos, pela modéstia de nossos olhares e pela gravidade de nossas atitudes.

Mas, precisamente essa compostura exterior do semblante e dos gestos, em harmonia com o sentimento íntimo de real comunhão em Espírito com o Céu, eis o que falta ao crente, ao devoto dos santos, nos dias consagrados ao respectivo culto ou nas demonstrações propícias.

As reverências a Santo Antônio são feitas (todos o sabem) em torno de fogueiras, por entre berreiros de cantigas, em gastronômicas comilanças, em torneios beberrões, a tiros de garrucha, estrugir de foguetório, excursões aos rios e cisternas — em romarias casamenteiras; tudo na mais triste das demonstrações materiais, sem a delicada doçura da espiritualidade recolhida, exercitada castamente no recesso dos corações religiosos.

Por isso, muitas vezes, do culto a esse meigo e misericordioso Antônio de Pádua, resultam conflitos, ferimentos mortais, gerados da embriaguez, dos fogos de artifício perigosos, e muitas crianças têm as mãos mutiladas pela explosão das bombas que incautamente lhes são permitidas, para *festejar* o santo.

Se, ao invés de toda a materialidade inexpressiva e inoperante para o Espírito, despendida pelos crentes, houvesse um culto verdadeiro, exercido pelas almas, na evocação dos primores que a vida e feitos de Antônio de Pádua oferecem à admiração e proveito espiritual de cada ser humano — verdadeiros tesouros espirituais seriam acaudalados nos lares, na polarização das energias (desconhecidas, mas poderosas) que os pensamentos conjugados na concentração captam do Espaço, transformando-as em realidades miraculosas, em verdadeiras bênçãos de saúde, paz e prosperidades.

Fora da espiritualidade, tudo é precário e efêmero; só a força do Espírito, incógnito na essência, indefinido na forma, pode sustentar a criatura nos múltiplos embates da existência.

Dentro das provações a que todos estão sujeitos, em face das leis que regem os resgates do Passado, tudo é enigma e surpresa, se o ser não estiver em comunhão espiritual com o mundo dos

Verdadeiros Vivos, nesse estreito convívio de que nos dá eloqüentíssima lição a vida modelar de Antônio de Pádua.

Polarizando no seu próprio Espírito essa energia formidável, a criatura imuniza o corpo contra a ação violenta, corrosiva, destruidora dos elementos materiais, que se tornam inócuos, impotentes nos efeitos.

Foi pela virtude dessa energia, atraída pela prece concentrada, que Antônio de Pádua pôde, impunemente para o corpo, ingerir acepipes envenenados e converter à verdade evangélica os incrédulos que o haviam posto à prova.

A hierarquia sagrada pelas várias religiões ritualísticas da Terra não imuniza ninguém; as eminências sociais, as maiores e mais rutilantes são insuficientes para proteger a criatura que não esteja sob a guarda das potências espirituais.

Há tempos, o correspondente de um jornal carioca mandava notícia de repugnante crime cometido em Grão-Mogol, Estado de Minas Gerais, contra o vigário local, o padre Ricardo Ginâni.

Descontente com o respectivo sacristão, o reverendo teve oportunidade de repreendê-lo repetidas vezes, e, na última, "usando de uma linguagem mais enérgica, como reprimenda".

O admoestado, julgando-se imperdoavelmente ofendido, resolveu vingar-se, e adicionou estricnina no vinho a ser ingerido pelo sacerdote na celebração da missa.

A inditosa vítima, a despeito de ministro de Deus, de representar o Cristo, de poder perdoar pecados, ligar e desligar na Terra — para ser ligado ou desligado no Céu; depois de ingerir o vinho (transubstanciado em sangue de Jesus, segundo o dogma), morreu, padecendo as terríveis agruras do envenenamento pela estricnina.

Infelizmente para os adeptos do culto exterior dos ritos, a trágica ocorrência não serve só para pôr a descoberto a perversidade do sacristão que, vivendo em contacto cotidiano com os altares e os santos e com as coisas sagradas da religião, mesmo assim, guardava no coração todo o fel da crueldade, do rancor, da ira, do desejo de vingança.

Ajoelhada diariamente "aos pés de Deus", contemplando o santo sacrifício da missa, durante o qual (afirma-o a Igreja) Jesus baixa para transformar a hóstia e o vinho em carne e sangue Seus, chega a ser espantoso que essa criatura jamais houvesse recebido as irradiações do poder do Cristo, tocando-lhe a alma, limpando-a do lodo das misérias terreais.

Se o caráter sagrado de que se investe um homem, a arbítrio de outros homens, é bastante para alçar o ser às supremacias espirituais, elevando-o ao nível dos eleitos divinos — por que Jesus consentiu que o vinho a transformar-se em Seu sangue (pelo mistério da transubstanciação), na missa, fosse envenenado e ferisse de morte o ministro de Deus?

Se o Cristo abençoa a missa e preside em Espírito a essa cerimônia sacra, como explicar seja mais forte do que o Seu poder de transformar a hóstia e o vinho em carne e sangue eucarísticos — o ódio do sacristão?

Se o sacerdote, fiel executante dos preceitos canônicos, é um depositário das virtudes evangélicas, em espírito e verdade; se o sacerdócio católico representa o apostolado fiel instituído pelo Mestre; se as cerimônias e os ritos romanos são do agrado de Deus e sempre abençoados e presididos — do Alto — por Jesus; como admitir que, durante um ato celebrado sob a invocação desse mesmo Cristo, possa um Seu discípulo ser abandonado pelo Céu, e perecer aos efeitos da vingança de frágil e misérrima criatura humana?

Jesus, quando instituiu o apostolado dos Seus discípulos, disse: "E estes sinais seguirão aos que crerem: em meu nome expulsarão os demônios, falarão novas línguas, manusearão as serpentes e, *se beberem alguma coisa mortífera, não lhes fará mal.*" (Marcos, 16:17 e 18.)

E a promessa não era vã, porque S. Paulo, ao chegar à ilha de Malta, foi mordido por uma víbora, que lhe ficou pegada à mão, pelos dentes.

E, enquanto todos julgavam que cairia fulminado pelo veneno ofídico, o Apóstolo nada sentiu, nem teve em conseqüência (Atos 28:1-6).

E, confrontando os acontecimentos com as palavras de Santo Antônio, emerge o dilema: ou a promessa do Cristo é burla, ou vale somente para os verdadeiros crentes do Espírito; ou o padre representa integralmente a doutrina do Evangelho, e está acobertado das ciladas e beberagens peçonhentas — ou tem apenas a sagração convencional de uma agremiação religiosa humana, e está sujeito a todas as tristes e imediatas contingências dos seres pecadores comuns, e por isso morre vitimado pelo veneno ingerido, precisamente junto do altar onde está pretendendo invocar — com os lábios — Jesus--Cristo, em imagem, em espírito, em poder, em verdade!

෴

O segredo, o mistério ainda não desvendado pelos sábios de toda espécie, permanecerá, desgraçadamente para a Humanidade, por muitos séculos talvez, porque os sacerdotes de todos os tempos ignoram que só o *sentimento puro* tem o poder de produzir os fenômenos tidos por milagres, classificados de extranormais.

A sinceridade, a ilibada moral, os sentimentos de benevolência, a tolerância para as fraquezas humanas, o perdão e esquecimento das ofensas, a pureza de costumes, são elementos de absoluto valor para integrar a criatura no intercâmbio do Espírito Universal.

Essa a lição que deve ficar no âmago de quantos quiserem cultuar a memória e guardar os ensinamentos de Santo Antônio de Pádua.

A sua palavra, os seus feitos numerosíssimos e maravilhosos, tudo o tempo mutilou; mas a sinceridade dos que de novo quiserem receber as bênçãos do Alto, pode restituir a limpidez desse ouro espiritual que o azinhavre e a ferrugem da ignorância e dos interesses não conseguiram destruir.

Basta o polimento da fé, para que, em cada coração, esse ouro se funda em moedas de dadivosas esmolas espirituais, mostrando que — sete séculos decorridos — a verdade dos ensinamentos do mansueto e glorioso taumaturgo permanece rútila e potente ao alcance da Humanidade.

Sem essa integração de *sentimento puro*, nem mesmo os dons mediúnicos bastam para guardar a criatura contra os males espirituais que enxameiam pela Terra.

As ruas, os hospitais, os manicômios e as penitenciárias estão cheios de *crentes* — de todas as religiões — carregando a sua cruz de sofrimentos, gemendo ou blasfemando contra a impotência da sua pretendida fé, sempre pedindo e esperançados de receber, mas também sempre esquecidos de levar no coração alguma coisa de boa e de pura para oferecer aos mensageiros da Caridade Divina.

Pobres obsidiados de todos os matizes e gradações perambulam pelo mundo terreal, cegos espiritualmente, conduzidos muitas vezes por outros cegos, responsáveis pelos descalabros das consciências e dos lares.

A palavra que veio, vem, continuará a vir — aí está ao alcance dos que a queiram escutar ou ler.

Os fatos, as palavras que ficaram de Antônio de Pádua deverão servir para algo mais do que maravilhar a quantos disso tenham conhecimento.

Sua missão, de elevado cunho espiritual, foi trazer testemunhos das realidades da vida universal.

Não importa lhe hajam deformado o perfil mediúnico, isolando-o na incolor figura de um santo dos altares, porque, mesmo assim, poderão atraí-lo todos os corações contritos e bem formados, e dele receber as munificentes dádivas do seu Espírito boníssimo, poderoso, iluminado.

Gastando todas as energias do organismo, cujos fluidos esgotou na transmissão de forças espirituais aos seus irmãos pobres de saúde do corpo e da alma, Antônio de Pádua também consumiu seus pulmões para perpetuar a palavra de exortação que continuaria jorrando sobre a Terra, para aperfeiçoamento dos Espíritos.

A exortação mais comovida, mais eloqüente, mais grave, mais incisiva descia e verte para os lares, para as mães, a quem os Espíritos atribuem a maior tarefa e enormes responsabilidades na marcha atual da sociedade, cada vez mais distanciada das coisas do Espírito.

E quem tiver ou deseje ter confiança na ação protetora de Antônio de Pádua, o padroeiro dos lares, pode erguer tranqüilamente sua espontânea oração, e ele, o bom Espírito, dará a sua assistência, repetindo a mesma lição de outrora, corroborada por todos os mensageiros da Caridade.

Esse ensinamento diz que a missão de maior relevo, na Terra, pertence à Mulher, às Mães.

Sob a inspiração do grande médium, recebendo uma centelha dos seus rútilos pensamentos, para traduzi-los em palavras bem terrenas, pode--se dizer às mulheres, às Mães Brasileiras:

Não fecheis os olhos às verdades que vêm surgindo.

Orai com o vosso coração, com as vossas palavras mais sinceras e mais puras, encomendando o vosso lar à proteção dos Espíritos bons.

Deus vos ouve, e mandará os Seus enviados.

A vossa missão não é de fraqueza, nem de passividade; sois as sentinelas dos lares, e da vossa vigilância depende a segurança de todos.

Os homens são semelhantes aos orgulhosos generais que atribuem as vitórias exclusivamente à sua tática e inteligência.

Acumulam as metralhadoras, escolhem as munições, graduam as alças de mira das grandes peças de artilharia, traçam no papel a trajetória dos exércitos, dão as ordens de comando...

Mas, ai desses generais, se, à hora do silêncio, quando todos repousam, sonhando com os lauréis da vitória, a sentinela não estiver no seu posto para dar o alarme da aproximação do inimigo!...

Sois as divinas artistas da Criação, a quem Deus entregou a arte suprema de modelar as criaturas.

Deus, no-lo diz a formosa linguagem simbólica do Velho Testamento, Deus pegou um pouco de barro para fazer o Homem; mas, para criar a Mulher, Deus achou que o barro era indigno, e foi tirar da obra Sua perfeita os elementos para fazer a perfeição da perfeição — a Mulher.

Deus moldou um homem; vós criais a Humanidade inteira. Deus emprestou uma centelha da Sua força ao Homem; vós dais aos filhos o vosso sangue, a vossa vida.

Deus criou o Homem e o entregou ao seu próprio destino, submetido à lei da Vida; vós dais ao mundo os filhos e os acompanhais e guiais sempre, com a palavra, com o coração, com o pensamento.

Os homens estudam, trabalham, dirigem os seus iguais, as coletividades, os exércitos, os povos.

Mas, esses cérebros que pensam, essas mãos que escrevem, esses braços que movem massas humanas são o sangue, um pouco das Mães, vivendo através dos heróis, das celebridades.

Os homens lutam e vencem, na vida exterior, as dificuldades da existência; mas as Mães defendem e preparam a paz do lar.

Os mestres das ciências e das filosofias ensinam as verdades materiais da vida transitória; mas as Mães esculpem nos corações dos filhos as verdades espirituais da vida eterna.

É nessas verdades que precisais meditar.

O caminho para Deus é um extenso oceano que a treva da vida terrena não deixa ver em seus múltiplos acidentes.

No ponto extremo desse percurso estão os 10 faróis da Lei de Deus, ensinando ao viajor o porto da Salvação.

Sois vós as depositárias da carta de navegação por esse mar.

Estendendo-a aos olhos dos vossos filhos, vós os ensinais a evitar os escolhos, os arrecifes, os ciclones, as trombas marinhas, que são os vícios, as impiedades; vós lhes mostrais os remansos, as águas quietas do Amor e da Paz de Espírito, e convosco eles aprendem a manejar a bússola, que é o culto ao Criador, a rodar as canas do leme, que são as palavras do Evangelho, a guiar-se na rota simbólica dessa viagem, com as velas alegóricas da Fé, da Esperança e da Caridade.

E quando vos falhar um conhecimento, ou o navegante afoito afastar-se do rumo, e for batido pelos vagalhões, recorrei aos grandes mestres do Espaço, porque Eles, à semelhança do Pioneiro-Mor, Jesus-Cristo, estenderão as mãos para aplacar as águas revoltas.

Basta de chacinas. São chegados os tempos.

Durante séculos a perder de vista, os homens foram donos e senhores do mundo. Só criaram ódios e mentiras.

Agora, vem surgindo a aurora rósea da Mulher, com os encantadores matizes da natureza em flor.

Tomai as rédeas para sofrear o animal indômito que é o Homem.

Erguei o novo templo dentro dos vossos lares e colocai sobre o altar dos vossos corações os luminosos Espíritos, que até agora eram idolatrados num culto material, mas não amados e respeitados, como sendo o que são realmente: enviados de Deus à Terra.

Derramai bênçãos, preces, amor e sorrisos sobre os homens.

Transformai-os de lobos que são, em cordeiros de Deus.

Quando orardes e sorrirdes, os Espíritos orarão e sorrirão no Espaço, ó flores vivas do Mundo!

E que o Espírito de Antônio de Pádua seja convosco!

Apêndice

A VERDADEIRA RELIGIÃO

Desde que a Humanidade se constituiu em organismo social tem havido uma religião.

Sacerdotes, templos, deuses, sacrifícios — cruentos ou não —, ritos, oferendas, préstitos, peregrinações, guerras mesmo, tudo tem sido posto ao serviço do culto a um Poder Superior, ao qual as criaturas, amarguradas ou ávidas de felicidades, imploram as bênçãos de que carecem.

Mas, apesar de toda essa ânsia religiosa dos povos, as dores mais rudes têm ciliciado as almas, e os olhos dos pobres seres da Terra vertem lágrimas cruciadas, e os corações se estorcem nas angústias de mil desventuras.

Pestes, fome, cataclismos sociais, terremotos, ciclones, enchentes apavorantes percorrem os recantos do mundo terreal, a despeito das orações, dos hinos, dos cultos nos templos, das promessas de ventura e imunizadora proteção anunciadas em nome do Supremo Criador de todos os seres e de todas as coisas.

Sucedem-se os tempos, perecem os povos, somem-se os orgulhosos pontífices dos credos religiosos, reformam-se as seitas — sob a influência da Evolução, dos conhecimentos, ruem os templos substituídos por outros, multidividem-se os homens que se dizem ou julgam monopolizadores da Verdade, desce à Terra a Palavra Divina; mas as misérrimas criaturas prosseguem a sua jornada de torturas, mostrando nos rostos sulcados o mapa das suas dores, mapa por onde se pode estudar a geografia do Sofrimento.

Por que motivo todo esse coro de súplicas esbarra na imutável surdez de um Céu fechado?

— Porque as criaturas humanas são surdas às vozes da Verdade; não têm ouvidos de escutar as celestes harmonias; são cegas à luz do Alto; não têm olhos de ver os clarões da nova aurora prometida pelo Cristo, quando disse que desceria o Espírito Consolador para ensinar todas as coisas que Ele não dissera — por não poderem ser compreendidas.

A Humanidade não conhece, não tem a verdadeira religião, ignora o que seja a Fé.

Educada no errôneo conceito de que Deus se encontra nos templos e as nossas vozes só Lhe são agradáveis quando enviadas por entre nuvens de incenso, iluminadas por círios, não entendeu ainda que a Palavra de Deus desceu à Terra para guiar cada criatura na trilha da Verdade, rumo da Vida Eterna.

Outrora, o característico da Religião era o seu mistério; só se exercia nos templos e era monopólio das castas privilegiadas.

Ignorantes, sem elementos de instrução, as criaturas iam pedir aos doutos a palavra de ordem, e deixavam seus lares, aridamente trabalhados pelas vicissitudes, para buscar nos templos suntuosos o consolo e a paz de que careciam.

E os homens, à proporção que foram experimentando, conhecendo e fruindo as vantagens da influência exercida sobre as turbas, foram também fortalecendo essa autoridade, impondo seus preceitos, seus ritos, suas exigências, falando em nome de Deus, e, à sombra de Deus, arrancando óbolos e dádivas que lhes aumentariam o conforto e as riquezas.

Assim arraigaram nas consciências dos crentes o erro de que a Religião era exterior, estava fora da criatura e só se exercia eficientemente nos templos, sob a direção dos pretensos escolhidos do Céu para guiar o rebanho privilegiado.

Ensinava-se que a força da Fé, capaz de atrair as benesses do Senhor dos Mundos, não estava na criatura, mas descia do Alto, quando conquistada pelas oferendas trazidas aos altares e postas aos olhos de Deus pelas mãos e pelas palavras dos sacerdotes.

Maus embora, os adeptos julgavam que, executando os preceitos ritualísticos, e pagando o tributo do culto, estavam abençoados e a coberto das amarguras da vida.

E, nessa funesta ilusão, viveu a Humanidade até que, chegados os tempos, se esclareceu e cumpriu a promessa do Cristo, e desceram as vozes do Espírito Santo, explicando que Religião é sentimento, fruto da Fé, gerada do conhecimento das leis de Deus.

A Religião, hoje, é patrimônio de todos, porque a Palavra veio para todo o que crê, ensinando que a Salvação é pessoal e que a verdadeira religião — Sentimento — vive na consciência da criatura e reina no coração de cada um.

Deus não se encerra entre as paredes de um templo: está no Infinito, onde recebe a vibração do amor de seus filhos, de qualquer lugar que seja por eles enviada.

Sua misericórdia imensurável não se exerce somente tocada pelas orações escritas ou estudadas pela inteligência dos homens; Deus ouve, escuta e entende toda a linguagem do Pensamento que se Lhe dirige sinceramente.

Ao Seu sólio indefinível chegam todas as vozes das consciências, desde o júbilo dos que agradecem as bênçãos recebidas, até a súplica do sofredor que, num leito de hospital, implora alívio para as dores do corpo enfermo; Sua bondade onipotente enxuga as lágrimas das mães que choram por seus filhos, do mesmo modo que acolhe as do arrependido encarcerado, que verte o pranto do remorso pelos crimes que praticou.

A verdadeira religião se exercita no Lar, que deve ser o templo da Família.

Aí, em cada coração, Deus deve ter o Seu altar, sem que seja necessário levar o coração a um templo para celebração do culto devido à Sua glória e poder.

Deus não precisa de joelhos no chão; quer consciências limpas e corações voltados para o Alto.

E nos lares, onde não houver esse culto, não podem existir crentes capazes de atrair as bênçãos do Criador, porque cada criatura vale, ante Deus, não pelas vezes que vai ao templo, mas pelos sentimentos que agasalha no íntimo do seu próprio ser.

Quem é mau, embora cumpra com os ritos da sua religião, não se transforma com isso, porque, terminadas as cerimônias do culto, estas não o acompanham — para guiá-lo nos atos, gestos, pensamentos e palavras, que são o espelho da alma.

As orações, que disse ou ouviu, levou-as o vento; as espirais de incenso ou os hinos entoados perderam-se no ar; as luzes do recinto, dos púlpitos e altares apagaram-se lá mesmo; os ornamentos sagrados do templo inertes ficaram, sem vida, sem poder, imobilizados e mudos; o que ingeriu pela boca, a título de símbolo instituído nos ritos da sua religião, jaz no estômago, na trituração natural que lhe oferece o organismo.

O que volta com o mau é o seu coração cheio de sentimentos inferiores, a sua alma chafurdada por ele mesmo no lodo do erro e da iniquidade.

Funesta é a ilusão das criaturas que, vivendo divididas e guerreando-se dentro dos lares, pensam que se santificam por passar alguns momentos nos templos.

Muitas vezes, ao saírem nesse intuito, se maldizem e insultam.

Chegadas ao cenáculo da sua fé, ainda não refeitas das iras que as trabalharam, lêem ou recitam mecanicamente as orações dos livros, cantam sem vibração os hinos, ouvem mais ou menos emocionadas as prédicas dos sacerdotes; porém, mal regressam aos lares, recomeçam as rusgas e dissídios, as lutas e as malquerenças, esquecidas de que só pelo Amor se pode conquistar a paz de Espírito na Terra e o Reino de Deus no Céu.

Pelo Amor — não o amor carícia material, mas o Amor-Harmonia, porque tudo no Universo é Amor-Harmonia, tudo se ama, tudo se atrai amorosamente dentro da Criação, num ritmo de equilíbrio e paz formidáveis, desde os astros no Espaço, até o pólen das flores nas campinas verdejantes.

Ter religião verdadeira é vivê-la nos sentimentos, sentir-lhe a influência inspiradora em todos os pensamentos, pô-la em prática nos atos mínimos e maiores da vida.

E quem possui e compreende a religião assim, é um legítimo sacerdote da Verdade, apto a celebrar o grandioso culto da sua Fé no seio do seu próprio lar, onde se deve aprender a amar a Deus sobre todas as coisas e ao próximo tanto quanto a si mesmo, e onde se deve ter por lema a síntese toda dessa religião: Não faças, nem digas aos outros aquilo que não desejas que te digam ou façam a ti.

Ser religioso não é apenas seguir um credo qualquer: é ser bom, tolerante, justo, abnegado, amigo dos seus semelhantes.

Quem abriga sentimentos inferiores, de orgulho, vaidade, inveja, cobiça, ódio, vingança, e pratica atos inspirados por esses sentimentos, não tem religião, porque toda religião, digna desse nome, se apóia num ideal de perfeição (Deus), e dentro da Perfeição não cabe o lodo do mal, não se admite, nem se ensina que as criaturas que praticam perversidades possam estar no caminho da felicidade e da bem-aventurança.

Cega pelas ilusórias promessas de salvação e beatitude feitas pelos corifeus das seitas, muita gente se revolta e blasfema, quando atingida pelo sofrimento, deslembrada de que todas as agruras são a colheita das maldades que semeou, e que a origem das desgraças deve ser procurada na consciência, no passado do próprio sofredor.

O mundo terreal é um vasto cenário de torpezas e desventuras, porque, sendo cada um o artífice e responsável da sua própria felicidade ou desgraça, vivemos semeando dores e injustiças originadas das nossas ambições e dos nossos interesses inferiores.

Há criaturas que prometem um paraíso com os lábios, deixam entrever o céu em um sorriso, anunciam venturas mil em palavras doces de carícias faladas, asseguram fidelidade na comunhão dos sentimentos; mas, ao primeiro clarão das ambições, à voz enganosa do luxo e da vaidade, apunhalam, em pleno peito, o ingênuo que lhe acreditou nas palavras, e assim transformam um vivo em

...cadáver ambulante,
levando, por intérmino deserto,
arrancado, nas mãos, o coração!

E nem mesmo no triste espetáculo dos sofrimentos que estrangulam as almas, os falsos crentes (que julgam ter uma religião) enxergam a verdade luminosa da justiça das leis divinas, mostrando que o Espírito criado por Deus — simples e sem mácula — é que se condena pela prática do mal.

Se durante a sua evolução, na conquista de conhecimentos para atingir mundos superiores, o Espírito não resvala nas tentações, não mente, não trai, não rouba, não assassina, não causa sofrimentos, não faz derramar lágrimas — se segue a verdadeira religião que veda esses atos maus, a criatura — encarnação desse Espírito — pode contar com a bem-aventurança, não porque haja freqüentado templos ou recebido bênçãos e batismos e sacramentos de uma seita religiosa — mas porque Deus instituiu e o Cristo nos ensinou que cada um receberá segundo o que tiver feito...

E enquanto não compreendermos que a religião verdadeira é a do íntimo da alma, sem dependência dos ritos e dos homens, não se modificará o cenário da Terra, em cujo palco o drama de hoje é a miniatura da tragédia de ontem, e onde muitos atores mudam apenas de figura para representar novos papéis, de acordo com a lei que os obrigou regressar à Terra para resgate das culpas assumidas em existências anteriores.

Quem causou um mal, volta aqui para sofrer a mesma angústia, testemunho de resgate do crime praticado contra os 10 mandamentos da lei recebida por Moisés e esclarecidos, em espírito e verdade, pelo Cristo de Deus.

É assim que se explica a diversidade dos destinos das criaturas humanas, que vemos, umas, plenas de viço, prosperidades, alegrias, e, outras, votadas, desde a nascença, às enfermidades, aos sofrimentos, à sede, à fome, ao frio, a todas as privações e agruras do corpo ou do Espírito.

É que esses sofredores são culpados de outras vidas, que aqui retornam para pagamento daquelas dívidas que contraíram pela desobediência às leis da Caridade, e que jungem a alma às penalidades escolhidas pela consciência culpada e cheia de arrependimento e remorso.

O cego de hoje é o espião de ontem, cujos olhos serviram para denunciar o seu irmão, e atirá-lo ao cárcere, à tortura inquisitória, à morte; o paralítico nesta vida corresponde ao desalmado de outrora, que se serviu das mãos e dos pés para ferir e pisar as vítimas do seu ódio, do seu fanatismo e arbítrio de poderoso; a mulher disforme que temos diante da vista é a reencarnação da bela vaidosa que, em outra existência, tudo sacrificou à sua faceirice, arrastando os infelizes adoradores fascinados à ruína, ao desespero, ao suicídio; o jogral de nossos dias, que atrai os apupos nas ruas, representa os antigos bobos das cortes, os quais, para divertimento del-rei, não hesitavam em rasgar corações, para apresentarem sob o ridículo ou debaixo de jocoso aspecto as dores e os segredos mais delicados das almas; o mendigo, que implora esmola de pão, não é mais do que o egoísta, argentário em outros tempos, que mandou varrer a chicote os espoliados, que, famintos, se agrupavam em torno do seu palácio, ciliados de fome; o escravizado trabalhador nos latifúndios palúdicos do interior outra coisa não é senão o desumano capataz de priscas épocas, que azorragava infelizes quando esmoreciam no labor ininterrupto, exauridos pelo cansaço e esgotamento das forças.

Esse é o espelho, o paradigma da lei de justiça divina e perfeita, dando aos réprobos e criminosos de todos os tempos o ensejo da reparação.

E assim será o mundo, até que reine em todos os corações e fulja em todas as consciências *a verdadeira religião*.

E esta consiste em ser bom, em cumprir cada um o seu dever, sem cogitar se os outros o estão cumprindo também.

Mas, esta religião verdadeira se exerce no lar, onde cada um deve procurar — acima de tudo — fazer a felicidade dos que o rodeiam, porque desse esforço mútuo resultará que todos terão a sua parcela de ventura.

Ser alegre, corajoso no trabalho, paciente e forte diante dos perigos e sofrimentos, sempre certo de que tudo tem recompensa, e que de Deus jamais virão males e castigos para retribuir os feitos dos que só praticam o Bem.

É preciso espalhar carinhos e doçuras de palavras e sentimentos, para que o ambiente dos lares seja de paz e alegria.

É necessário aumentar os poderes da religião verdadeira, exercendo-a, não a horas e dias certos — nos templos, mas a todos os instantes, quando houvermos de pôr em prova os nossos sentimentos, a nossa vontade, a nossa ação, a nossa palavra.

Para isso, basta que oremos fervorosamente, não para pedir riquezas ou coisas mundanas, mas implorando seja a nossa alma limpa do lodo dos maus sentimentos que nos tornam feras na Terra, quando devêramos ser cordeiros do rebanho do Cristo.

E quando nos houvermos habituado a pensar no Bem e a praticar o Bem dentro dos nossos lares, e verificarmos que aí está o templo da verdadeira religião — sem necessidade de intermediários profissionais que vivem à custa das religiões, arrancando dinheiro aos crentes — então, estaremos no caminho da maior ventura, porque realizaremos a reforma de nós mesmos, e estará inaugurada na Família a verdadeira paz, a perpétua alegria, invencível amor, inderrocável coesão, unidos todos em Jesus-Cristo.

E, em todas as famílias, a aurora será saudada com este imaculado hino: Deus, onipotente e bom, protege-nos para que nos conservemos dentro das Tuas leis e incapazes de praticar o mal contra os nossos irmãos.

E, à hora do repouso, cada um, sentindo a verdadeira e única felicidade — que é a Paz de Espírito —, poderá dizer, de alma aberta e limpa: Graças, meu Deus, Te dou, porque a minha consciência não me acusa de haver cometido o mais leve pecado contra quem quer que fosse.

Quem puder orar sempre desse modo, sem mentir à face de Deus, esse sim, não precisará de templos, nem de sacerdotes, porque terá dentro de si próprio o maior templo — o da *verdadeira religião*.

A INGRATIDÃO DOS FILHOS

Se fosse possível reunir em um júri de colossais proporções todos os criminosos roubadores das alegrias do mundo, os que causam os mais amargos prantos, os que originam e alimentam o desassossego, as lutas, a ruína dos lares — veríamos que os réus de tais crimes caberiam numa classificação única: filhos ingratos.

O matrimônio sem filhos lembra a flor sem perfume, rica de beleza na arte das cores e no aveludado das pétalas, mas sem o odor que, transformado em essência, perpetua a flor, mesmo depois que esta perde o viço, murcha e seca; um lar, sem o festivo vozear de crianças, parece linda jaula de ouro, aberta à espera das harmonias de um bando de rouxinóis que não vieram cantar; semelha precioso escrínio, cinzelado em platina, sempre vazio das jóias que deviam vir de Deus, porém se perderam na travessia do Céu à Terra; dir-se-ia uma carta de amor, com o endereço apagado por lentas gotas de tristeza e desilusão, escrita por dois corações plenos de arroubos, com as tintas da Esperança, no papel do Tempo, com o selo do Futuro; lindo e engalanado batel que, navegando em plácidas águas de bonançoso lago, foi arrastado por invisíveis forças e envolto nas agitadas vagas de um oceano distante.

No entanto, esses anelados rebentos de amor, promessas de Deus feitas seres vivos, adornando os lares, são os inconscientes destruidores das alegrias que viriam aumentar, mas transformam em mágoas, desencantos, soluços, lágrimas e sombras de morte lenta.

Sem consciência do que custam às mães, os filhos começam por subtraí-las aos carinhos do esposo, roubam-lhes o maior tempo dos seus dias, causam-lhes perturbações e sofrimentos que se prolongam meses a fio, esmaecem-lhes as rosas naturais da cútis, impõem-lhes vigílias sem conta, causam-lhes sustos e preocupações nas inevitáveis moléstias do recém-nascimento à infância, monopolizam egoisticamente todos os confortos domésticos que o marido procura dar à sua consorte, tiram-lhes mesmo da boca o doce e suave prazer de beijar outros entes caros, e calam baioneta nas fortalezas do coração materno para que aí não penetre mais nenhum, além deles, os egoístas da Família.

Para os filhos, na regra geral, os pais são dois capatazes que Deus lhes deu na Terra, para servi-los incondicionalmente, para com os quais não têm outros deveres senão aceitar-lhes — por benevolência — os esforços, as canseiras, os sacrifícios, as abnegações, porque tudo afinal, para eles, é — obrigação de mãe, obrigação de pai.

Criado e instruído, livre se julga o filho do que considera o — jugo tirânico do lar, e seu primeiro cuidado é constituir uma família sua, onde seja de novo o ídolo egoísta, a monopolizar todos os carinhos e cuidados a que se acostumou, recebidos de sua mãe.

Mal sabem eles a terrível desilusão que os aguarda, porque ninguém encontra na vida um segundo amor igual ao amor de mãe, porque os afetos que se nos deparam no mundo se mostram através de atos, gestos e palavras, enquanto a força do amor materno está no coração, no íntimo do ser, e acompanha os filhos com o pensamento, com a vibração da sua própria vida, porque os filhos não são mais do que pedaços das mães, feitos do seu sangue e que deste conservam a unidade misteriosa, fazendo que a alma das mães sinta a repercussão, mesmo de longe, dos sofrimentos dos filhos, nesses momentos, também misteriosos, em que elas se sentem tristes sem saber por que, e choram, suave, meiga e docemente, pensando no que estará acontecendo ao filho ausente.

Mas, os filhos não sabem o valor do 4º mandamento da lei de Deus, que diz: "Honrarás a teu pai e a tua mãe, para que se prolonguem teus dias na Terra que teu Deus te deu."

Não sabem, ou esquecem que, em todas as revelações dadas aos povos, se encontra esse preceito de reverência à mulher, principalmente depois que é mãe.

Nos livros sagrados da Índia, cuja idade não se pode medir, há estas palavras: "Aquele que tem a maldição de uma mulher, tem a maldição de Deus; as lágrimas das mulheres atraem o fogo celeste sobre aqueles que as fazem derramar; desgraçado do que ri dos sofrimentos das mulheres, porque Deus rirá das suas orações; os cânticos das mulheres são gratos aos ouvidos de Deus, e os homens não devem, se desejam ser escutados, entoar seus louvores a Deus sem as mulheres."

E porque não saibam o valor das mães, eles as amam sem saber como devem amar e cultuar, no fundo da alma, esse anjo mártir que, por amor, gera os filhos, por amor suporta todos os sofrimentos trazidos por esses frutos das suas entranhas, por amor deles tudo abandona no decurso da existência, por amor dará a própria vida para salvar a vida de seus filhos.

A mulher, depois de mãe, nunca mais é feliz.

Se os filhos são desgraçados, ela sofre duplamente: a dor dessa desventura e a angústia de não poder dar a eles a felicidade que não têm ou que perderam; se os filhos são venturosos, a pobre mãe vive num susto perpétuo, temerosa sempre de que algum mal venha desfazer a alegria que desfrutam.

Só as mães têm verdadeiro amor abnegado, porque resiste a todos os tufões da vida.

O homem pode naufragar e ser atingido por todas as desgraças, e perder quanto angariou durante a existência: conceito, dinheiro, esposa, amigos, saúde, coragem, crença, esperança.

Um tesouro espiritual ele conservará em toda essa desdita: o amor de sua mãe.

Por sobre os vagalhões revoltos de um tal oceano de amarguras, ao encontro do náufrago virá esse santo amor — jangada que o mar não pode pôr a pique, porque o amor é indestrutível, é eterno.

Na hora angustiosa em que tudo falha, e todos fogem envergonhados da criatura que está sob o selo da justiça dos homens, quando o mundo de uma criatura fica reduzido às grades de ignominiosa enxovia — junto da qual até o pai do infeliz não tem às vezes ânimo de chegar, detido pelas garras dos preconceitos sociais; nessas horas supremas, em que a Consciência — se descobre ante a face de Deus, e ninguém pode mentir a si próprio, é que o inexcedível amor das mães se transforma em vagalhões de dedicação, remove todo o lixo dos ódios e malquerenças, apaga o gilvaz infamante riscado pelo código penal na face do réu, e vai ela, a corajosa e fiel mãezinha, abraçar seu filho, sem sentir vergonha de ser mãe de um criminoso.

É que, para elas, o filho é sempre filho.

Grite a sociedade, o mundo inteiro, seus anátemas contra um desgraçado, chamando-lhe todos os epítetos de enxovalho; para ela, a mãe que chora a desdita de seu filho, este, moço ou velho, pobre ou rico, forte ou fraco, belo ou feio, abençoado ou maldito, são ou coberto de pústulas, só tem um nome inscrito em seu coração: meu filho!

— nome que ela repetirá no júbilo das aclamações gloriosas, fazendo eco com as turbas, murmurará baixinho junto do leito de sofrimento e gritará, por entre lágrimas, junto das grades de um presídio, a chorar, não porque se envergonhe das culpas do seu filho, mas porque as varas de ferro, que fecham a prisão, não permitem levar com ela a vítima da lei, dessa lei que as mães não admitem, porque no seu coração elas guardam um código que tem, para todos os crimes praticados pelos filhos, duas penalidades únicas: amor e perdão.

Se Deus fulminasse os filhos ingratos, a Terra cada ano perderia a metade dos seus habitantes, porque os ingratos filhos se encontram disseminados em todas as escalas do mundo, mesmo entre aqueles que, glorificados pelos homens, passam por modelos de criatura, tipos que têm a perfeição exterior consagrada por aplausos e louvores, mas escondem dentro da alma a chaga viva das ingratidões do mau filho, úlcera que terão um dia de cicatrizar com o fogo da purificação, quando chegar seu Espírito ao lado de lá da vida material e for condenado, pela própria Consciência, a voltar à Terra, em nova vida de reparação.

Não há glória terrena, nem benemerência dada pelos homens que livrem o culpado de expiar esses crimes, onde não há sangue, porém há muito mais do que isso: lágrimas de mãe.

S. João de Deus, canonizado em 1690, pelo papa Alexandre VIII, nasceu em 1495, em Monte Maior Novo, diocese de Évora, em Portugal.

Seus pais, que o adoravam — por ser filho único —, eram pessoas muito devotas e hospitaleiras, acolhendo sempre, com especial alegria e carinho, todo sacerdote que lhes aceitava hospedagem.

Certa vez, deram agasalho a um padre que viajava para Espanha, o qual elogiou exageradamente a capital, Madrid, despertando no menino João o desejo irreprimível de conhecer tão linda cidade.

Filho ingrato, sem reconhecer o amor de seus genitores, João fugiu do lar, em companhia do sacerdote, para sofrer quase imediatamente o primeiro castigo, pois o eclesiástico o abandonou em Oropesa, na Espanha.

Acolhido por piedade, por um certo Francisco Maioral, aí serviu de pastor de ovelhas, tão a contento, que foi feito superintendente dos bens desse rico proprietário.

E agradou mais ainda nos zelos demonstrados, pelo que o fazendeiro quis fazê-lo seu genro.

Mas, a ingratidão do moço não lhe permitiu pagar o acolhimento que tivera: recusou, despediu-se e alistou-se soldado nas tropas do imperador

Carlos V, que fazia então, 1522, guerra aos franceses.

E desbordou-se, mergulhando nos vícios e cruezas que tisnavam as milícias daquele tempo.

Envolto em acusação grave, esteve condenado à morte, da qual o livrou um oficial, com a cláusula de abandonar a vida militar.

Sob a impressão do terrível perigo a que escapara, resolveu voltar à existência anterior, e foi de novo aceito pelo antigo patrão e amigo.

Pouco durou, porém, o bom propósito, pois, pela segunda vez, se fez soldado de Carlos V, na guerra que este sustentava, em 1532, contra os turcos.

Afinal, deixado o serviço militar, lembrou-se de rever os pais, que abandonara havia 5 lustros, quase 9.200 dias...

Chegado a Monte Maior Novo, diante da alma do futuro S. João de Deus se desenhou o espantoso quadro de um passado que não imaginara sequer.

Pouco depois da fuga, sua mãe morrera, diluída de desgosto, desfeita em lágrimas, torturada de saudade, chamando inutilmente pelo filho ingrato que a abandonara, tal como fogem os pássaros dos ninhos, quando aprendem a mover as asas.

Seu pai, desolado no lar deserto, com o coração ferido por essas dores sem remédio, dissera adeus ao mundo e fora refugiar-se na tristeza árida de um convento franciscano.

João nunca mais teve paz de espírito.

Em vão buscou dedicar-se a tarefas nobres; fez sacrifícios; foi tratar de enfermos, ajudar pobres; conseguiu benemerência dos homens na prática de atos virtuosos; mas, a sua alma era atingida sempre pelo remorso, e chegou a fases de delírio intenso, que o levaram a um hospital de loucos.

Afinal, aos 55 anos de idade, em 8 de março de 1550, seu Espírito deixou este mundo, e os homens o fizeram santo, para cultuá-lo, nesta data de mês, nos altares, sagrando-o — aos olhos dos crentes — intermediário entre o Céu e a Terra.

Mas, diante dos preceitos imutáveis das leis da justiça divina, todo filho ingrato deverá formular esta pergunta à sua própria consciência, envolta embora nas espirais do imenso da lisonja e nos pergaminhos da santidade decretada pelos homens:

Poderá subir aos céus, contemplar a face ofuscante do Cristo, merecer a paz e a alegria perpétuas, dispor dos poderes dos mensageiros de Deus — o filho ingrato que fez sua mãe subir um Himalaia de dores, e de tão alto a precipitou em insondável oceano de prantos?

Haverá atos materiais, aplausos do mundo, cerimônias de sagração, prodígios de estatuária, cultos de joelhos no chão e lábios em movimento com a força suficiente para absolver o réu que afundou no túmulo, à custa de lágrimas e tristezas, aquela mãe, criatura que lhe deu a vida?

Junto de Deus poderá chegar, diretamente remetido pelo arbitrário e filaucioso poder dos homens — transformado de criminoso em santo — um mau filho, que envenenou, com a bílis da ingratidão, toda a vida de sua mãe?

Não.

E o mundo será o mesmo deserto, plantado com os ciprestes das amarguras, umedecidos com orvalho de choro e agitado a sopros de soluços, enquanto não entrarem nas consciências as vozes vindas do Alto, a ensinar que inadiável se faz a reforma da educação doméstica, no sentido de os filhos cercarem de carinhos suas mães, amando-as muito e muito, porque são a imagem de Deus na Terra.

Deus inspira e guia as mães, para que estas possam inspirar e guiar seus filhos na superfície do mundo terreal.

É preciso ensinar e crer, de acordo com as revelações cotidianas recebidas do Alto, que tudo foi criado para o Bem e para a Perfeição, e que, desviando-se dos rumos traçados no bom caminho, as criaturas marcham para o abismo dos sofrimentos e da condenação da alma.

Quem for mau filho, não espere ser feliz na vida, porque cada um recebe sempre a recompensa do que fez.

Por muito que a criatura se alteie nas aclamações da sociedade e seja bafejada pelas auras da Fortuna, e sustentada pelos hercúleos músculos de grandes poderes, as vozes da Consciência — que não se calam nunca — hão de apontá-la à condenação das almas sãs, dizendo-a tisnada pela fuligem invisível com que enegreceu a imaculada alvura do coração de sua mãe.

Se fosse possível realizar um inquérito entre todos os sofredores do mundo, talvez se encontrasse — na ingratidão dos filhos — a causa de muitas desventuras.

Os filhos que anseiam por libertar-se da tirania dos lares paternos ignoram que, às vezes, está nesse despotismo aparente a sua maior felicidade.

Há almas culpadas em outras vidas que voltam a este mundo para resgates dolorosos e difíceis de suportar, árduos na sua realização, se essas almas houvessem de agir por si mesmas, sem o auxílio das mães.

Estas, à força de orações, de apelos à misericórdia divina, conseguem muitas vezes atenuar as provações, obtendo que o ferro em brasa da purificação demore menos sobre a superfície das chagas do culpado.

É mister ler claro nas sentenças da justiça infalível.

O que voltou ao mundo para sofrer e chorar, prefira carpir seus cilícios sob o doce e afetuoso olhar de sua mãe, do que ir pelo mundo fora verter lágrimas debaixo da indiferença daqueles que, fatalmente, nos voltarão costas, desde o momento em que não possam exprimir risos e alegrias dos amargurados semblantes e dos combalidos corações dos sofredores.

Filhos orgulhosos e incautos, desprezai sempre a vossa vaidade e vossa sabedoria, para vos guiardes pelos meigos conselhos das mães.

Os filhos, olhos abertos para o mundo onde se agitam, julgam pelas aparências e presunções, e por isso caem em fatais enganos; as mães, dentro do lar, fechadas as pálpebras, nada encaram para formar seus juízos e dar conselhos: voltam os olhares interiores da alma para o Amor de Deus, pedem a inspiração de que carece o Espírito, e recebem as intuições dadas pelos

Mensageiros bons, prometidos por Jesus, que lhes fazem, por assim dizer, adivinhar o bem ou mal que vai acontecer aos seus filhos.

As gerações se têm sucedido, trabalhadas por esse círculo vicioso que faz dos filhos ingratos de hoje os pais e mães infelizes de amanhã, mas, é preciso corrigir o mundo.

Esse é o grande labor que cabe aos tempos chegados da redenção anunciada pelo Cristo há vinte séculos.

E tal redenção será conhecida pela alegria das criaturas, cobertas de bênçãos, plenas de saúde do corpo e da alma, prósperas em tudo, ditosas por viverem em paz com a consciência, e fortes pela esperança segura de recompensa, quando deixarem a Terra — para prosseguir a verdadeira vida do Espírito imortal.

Para que reine tal felicidade por toda parte, basta que cada filho, ao pedir a bênção matinal de sua mãe, tenha feito, de toda a alma, com sentimento verdadeiro, vibrando as forças totais do seu Espírito, esta oração:

Meu Deus, do alto do Teu poder, guarda-me contra os males e as seduções do mundo; dá-me forças para cumprir resignadamente os compromissos do meu passado; abençoa e ajuda meus esforços para ser bom, observando a Tua lei, que manda fazer aos outros tudo quanto quisera que me fizessem a mim; mas, acima de tudo, Deus de Infinito Amor, não consintas jamais que eu desobedeça minha mãe, que eu lhe dê um desgosto, ou que dos seus olhos corram lágrimas provocadas por mim!

E Deus abençoará todos os filhos obedientes e bons; Deus abençoará todas as mães; Deus dará paz e alegria a todos os lares.

𝒜 MISSÃO DA MULHER

𝒯*odo esse conjunto* de seres, mundos e coisas, a que denominamos Natureza, é um grande livro aberto à observação das criaturas humanas, dando nos seus múltiplos aspectos lições completas aos que saibam e queiram aprender os sublimes e formidáveis segredos aparentes, nela sempre revelados, na sua mudez eloqüente.

Tudo tem um destino, uma finalidade certa, superior, irrecorrível, e é dessa força de coesão que resultam a harmonia e o equilíbrio das leis eternas, acima de todo o arbítrio.

Se os seres da Terra compreendessem esse grandioso poder, que tudo cria e transforma, dentro de leis imutáveis, sem destruir coisa alguma, a nossa existência seria talvez de paz e puras alegrias, porque não viveríamos sob o império da revolta contra essas leis que não podemos modificar e que prevalecem mesmo contra a vontade dos ínfimos vermes que somos.

No que Deus traçou a lei, ou fez, a criatura não pode intervir para modificar, deter ou dar diferente rumo.

Se numa pequena porção de terra, medindo cinco centímetros em quadro, colocarmos duas sementes de rosa e pimenta, elas germinarão juntas, ao lado uma da outra, sugando iguais elementos, vivendo a mesma vida vegetal — mas completamente diferentes na autonomia e finalidade dos seus frutos: uma para produzir flor e perfume, outra para fornecer o corrosivo do seu sumo.

E nenhum sábio, nenhum supremo artífice da Química será capaz de impedir que a lei da finalidade se cumpra nessas minúsculas parcelas de matéria, fazendo que a semente da rosa se transforme em pimenteira, ou que o gérmen da pimenta desabroche em flores odorantes.

A finalidade se cumpre, porque tudo que vive tem o seu destino predeterminado, a sua razão de ser, sua função traçada.

Os peixes não vivem sem a pressão das águas, e se afogam respirando o ar atmosférico que nos alimenta os pulmões; os seres humanos não podem subsistir mergulhados no mar e nos rios; os pássaros têm o seu mundo nos ares e constroem seus ninhos bem acima do nível rasteiro do chão; os vegetais não germinam no fogo; os anelídeos e outros vermes só têm vida na umidade subterrânea do solo.

Por que duvidarem as criaturas de que também para elas existem esses decretos divinos do seu destino, da sua missão?

Por que não acreditar que Deus traçou, desde os primórdios da vida humana, uma função diversa dentro das formas que deu às almas vestidas da carne do corpo?

Se a conformação de que o Espírito se reveste materialmente para atravessar a existência não fosse uma necessidade para cumprimento da sua missão, as tantas diferenças que se apresentam aos nossos olhares seriam fruto de arbítrio absurdo e injusto — incompatível com a majestade perfeita de Deus, que teria criado Espíritos homens ou mulheres, brancos ou pretos, alemães ou japoneses; almas para viverem nos sertões da África ou no conforto das metrópoles civilizadas.

Felizmente, porém, a Revelação que veio de Deus, desde o simbolismo de Gênese, na Bíblia, já nos ensinou essa verdade da Sua criação, indicando que a Mulher é a obra-prima feita para a Terra, mais superiormente trabalhada entre todos os seres.

Quando Deus formou o Homem, fê-lo da argila vil do chão, e assim coroou e deu por finda a composição do mundo terreal; mas, depois de achar que tudo estava completo e terminado, quis dar ao Homem uma companheira que lhe embevecesse a existência e fosse o encanto vivo nas delícias do Paraíso.

E então achou que o barro era tosco para esculturar esse tipo mais primoroso, e da perfeição já realizada — à Sua imagem e semelhança — tirou Deus as partículas delicadas com que teceu a suprema síntese — a Mulher — resumo de tudo quanto é grandioso espiritualmente, maravilha que encerra em miniatura os maiores segredos da Natureza.

Assim, de início, Deus criou a Mulher para dar missão superior à forma feminina, mostrando desse modo que o Espírito, para cumprimento das suas provações neste mundo, tem nela um instrumento mais aprimorado, mais superior, mais sensível, mais próximo da perfeição.

Deus fez da Mulher a síntese do mundo.

Semelhante à terra, que, rasgada pelos sulcos das sementeiras, cicatriza o seu dorso para dar os frutos gerados no seu interior, a mulher também rompe muitas vezes o coração, a superfície da sua alma para, cicatrizadas as chagas — com Amor, dar ao mundo os frutos vivos gerados nas suas entranhas. Deus criou um homem, o primeiro Adão; a Mulher é mãe de todos os homens.

Deus, no-lo diz a Sagrada Escritura, guiou por vezes algumas criaturas num ou noutro acontecimento da existência; as mães criam, dirigem e acompanham todos os filhos, mesmo os maus, sem expulsá-los do Paraíso do seu coração.

Deus nunca precisou chorar pelo triste destino dos seres da Sua criação; as mães vertem jordões de lágrimas ardentes, à tona das quais flutuam as esperanças, as ilusões, os sonhos desfeitos pelos vendavais dos desenganos e dos sofrimentos que os filhos lhes causam.

As mulheres, mesmo nas amarguras, têm algo de sublime; lembram as flores, que, esmagadas pelos dedos, nos deixam nas mãos o que possuem de mais precioso: o seu perfume.

A mulher será sempre a senhora e dominadora do mundo, desde que se coloque no lugar que Deus lhe assinalou: anjo de paz dentro dos lares, flor viva a derramar os perfumes espirituais do seu carinho e bondade, por entre os cardos que brotam dos corações dos homens.

Educando os filhos nos sãos ensinamentos da lei de Deus e do Evangelho de Cristo, as mulheres governarão o mundo, guiando tudo e todos dentro da paz, do Amor-Harmonia, do bem, para a felicidade geral dos povos.

Onde quer que se encontre o homem, aí deve estar a boa influência da mulher, exercida pelo coração.

Para governar os homens não necessitam as mães sair do seu lar; basta que estejam presentes no pensamento e nos sentimentos dos seus filhos.

Tudo que os homens realizam na vida seria santo e nobre, se eles levassem dos lares para a atividade social a paz, a alegria, o estímulo para o Bem haurido no convívio da Família.

Quando assim for, a verdadeira felicidade habitará a Terra.

Feliz a mulher — irmã, esposa ou mãe — que sabe fazer da sua casa uma perene mansão de doce e suave refúgio, onde os seus bem-amados encontram o carinhoso sossego de que carecem para estímulo na vida.

Por muito que o homem sofra e lute, na hora de retorno ao lar a sua alma toda, o seu pensamento vibrando em atração de bênçãos e forças benéficas dirá assim: "Graças te dou, meu Deus, porque, no meio de tantas agruras e decepções, lutas e sofrimentos, tu me deste a santa criatura junto da qual vou agora encontrar consolo e conforto, meiguice e carinho para alívio e fortalecimento da minha alma combalida."

Triste da mulher que, surda e cega à sua missão, não sabe espalhar paz e alegria entre os seus; não conhece as venturas que resultam para aqueles que buscam fazer a felicidade dos entes caros; não conhece que, à força de preparar um ambiente de venturas, será envolta e mergulhada nessa mesma felicidade.

Triste, sim, de tal mulher, porque o seu irmão, esposo ou pai, no regresso ao lar, abatido pelas contrariedades que lhe encheram as horas do dia, derramará pensamentos, vibrações de desespero, bradando dentro da alma: "Deus meu, que desgraçado sou! Lutei tanto, sofri tantas e cruciantes decepções; e agora, que devia encontrar um pouco de tranqüilidade, de carinho, de amor, de paz, de alegria — vou enfrentar uma criatura sem sentimento de bondade, que ainda me torna a vida mais desgraçada e mais insuportável!"

A mulher deve ser a alegria do lar, porque a alegria é o tônico da felicidade doméstica.

E porque essa alegria está desertada do seio das famílias é que o mundo cada vez se torna mais feroz, endurecido e infeliz.

As mulheres não acreditam mais na palavra de Deus, nem aceitam as responsabilidades da missão que lhes cabe.

Não enxergam felicidade, paz e alegria na felicidade, na paz e na alegria dos seus lares.

Vão buscar ilusoriamente tudo isso no lodo dourado do mundo; nos estádios dos esportes grosseiros; nos chás elegantes com que mutuamente se engana a hipocrisia protocolar das pessoas chiques; nos salões de baile, onde o pudor começa perdendo a epiderme até transformar-se em carne viva descoberta; nas calçadas das ruas, onde se apaga a noção das horas inutilmente furtadas aos sagrados deveres domésticos (desde os cuidados aos filhos, à ordem e asseio e economia da família); nos templos esplêndidos e iluminados, onde há flores, música, símbolos do culto, mas onde as criaturas não encontram consolo nem sossego, se não saírem dos lares levando a paz e alegria dentro dos seus próprios corações.

E, cada vez mais iludidas e afagadas nas mentiras das doutrinas forjadas pelos falidos de toda espécie, vão as pobres mulheres distanciando-se dos seus destinos, acreditando que eram escravas dos homens e agora estão conseguindo igualar-se, sobrepor-se aos tiranos de ontem, e que senhoras do mundo serão amanhã, quando todas as mulheres engolirem uísque nos bares, fumarem cachimbo à moda européia, souberem injuriar-se e agredirem-se, gritando nos parlamentos.

Mas, verdade, verdade, a Mulher é que se escravizou por si mesma e contrafez a beleza natural da sua alma e da sua missão, fazendo-se cativa da moda, pela vaidade, pela ambição de luxo, tudo sacrificando à idéia fixa de conquistar um lugar de destaque na sociedade — onde fosse admirada; deturpou a sua formosura natural, transferindo-a para o rosto, mirando-se e fazendo-se linda diante dos espelhos de vidro, esquecida de que só no espelho da alma é que se vê, corrige e aprimora a verdadeira beleza, a dos sentimentos — eterna pelo amor que inspira — e que sobrevive à decadência do corpo e fulge, ainda mais imácula e celestial, no rosto das velhinhas onde os lábios dos filhos e dos netos parecem beijar um pedaço de Céu ou a face do próprio Deus.

Torceu o rumo da sua missão, desde que considerou o lar uma jaula e fechou sua alma para que os pais não lessem nela; filhas de ontem e de hoje, mães de amanhã foram ofuscadas e entontecidas pelo factício brilho lentejoula do das teorias feministas, e por isso derramam, pela escumadeira das queixas, as bilhas cheias da lia dos descontentamentos que fervem no íntimo, e, escravas desses sentimentos, desprezam os carinhosos avisos das mães e vão pedir conselhos a estranhos, nas associações ou nos templos.

Esquecem todas essas vítimas, escravizadas elas mesmas ao mundo — que a mulher não tem melhor amiga, mais fiel conselheira, mais vigilante sentinela da sua felicidade do que aquela que lhe deu o ser — sua mãe —, porque as mães, mesmo errando — segundo nos pareça — visam sempre ao feliz futuro para suas filhas, e é preciso ver e acreditar que, quando fechamos os ouvidos às intuições que nos dão, Deus manda falar aos corações das mães.

Deus não reúne corpos, ao acaso, para viverem juntos; as almas se ligam e associam para constituir Família e cumprir suas provas, sua missão.

Mas, também verdade, verdade, o homem jamais conseguiu, nem conseguirá escravizar a Mulher, porque esta, desde que se coloque no papel que lhe foi distribuído dentro da Criação, poderosa pelo encanto dos seus sentimentos, pelo Amor, pelo carinho, domina qualquer homem, por mais forte que ele se julgue, por mais fastigioso que se presuma, porque o trono da Mulher é feito de — Sentimento — e está acima de todas as vaidosas e efêmeras grandezas de que os homens se rodeiam.

O próprio senhor de escravas, quando se dobra ao amor inspirado por uma das suas vítimas, é mais escravo do que a escrava, e mais lhe dói a indiferença dessa mulher oprimida do que doeriam os castigos e flagelos aplicados nos infelizes cativos.

Ele, o senhor, tem direito de propriedade sobre o corpo da mulher, que pode até vender; mas, a escrava, na ignomínia aparente do cativeiro, tem sobre a alma dele os direitos soberanos de rainha, e pode dar-lhe, num sorriso, numa palavra, numa carícia, todo um céu de venturas, ou torná-lo mais desesperado do que o mais ínfimo dos escravos, com um desdém, com o desprezo, com a repulsa, com uma palavra, enfim.

O maior e mais glorioso ídolo de um povo, valente general, ilustre cientista, amado rei, rútilo poeta, genial artista da música ou da pintura, não é mais que um pedaço de mulher que cresceu e se fez grande. Aos olhos e para os aplausos do mundo, ele será um semideus humano, todos se curvarão às maravilhas do seu cérebro — formado com o sangue nas entranhas de sua mãe, com as dores e os sofrimentos daquela que lhe deu o ser; mas, aos olhos dessa mãe — cujo passado não se lhe apaga jamais da reminiscência, o grande aclamado das turbas não é mais do que o frágil entezinho que ela acalentou no seio, a quem fez dar os primeiros passos no chão e transmitiu os rudimentos da linguagem falada.

Deus quer que todos os encantos do mundo estejam resumidos nas mulheres.

Quando na primeira infância, uma filha é o enlevo dos pais, dando-lhes no seu riso inocente, na graça indefinível do que diz e faz, um universo de delícias espirituais diretas aos seus corações; mais tarde, quando desabrocha em mulher, constitui o ideal de um homem e se torna a promessa de mil venturas, desses sonhos de felicidade que se realizam pelo amor de dois entes num lar futuro, berço cor-de-rosa enfeitado de brancas esperanças; depois, transforma-se em mãe e se torna a criatura sagrada pelo amor dos filhos, rainha sem cetro, dominando pelo coração.

Por fugir a esse sacerdócio do sexo, por negar--se à verdade da sua destinação, falindo nas provas do Espírito — é que a mulher sofre.

A lei do aperfeiçoamento das almas que falharam na observância daqueles preceitos da Sabedoria Divina, exige que o Espírito volte à Terra, para resgate das suas falhas, depurando-se pelo sofrimento.

E porque só a Mulher pode conhecer as verdadeiras amarguras, é que a forma feminina constitui uma superior vestimenta do Espírito, para pagamento das suas dívidas do passado, para testemunho do resgate dos seus crimes, porque a lei é — *dente por dente, olho por olho; quem com ferro fere, com ferro será ferido.* O sofrimento de hoje é o espelho das maldades de ontem; ninguém padece por ser inocente.

O Espírito que se deixou arrastar pelas influências grosseiras — próximas da ani--malidade, que matou, fez derramar lágrimas, cometeu injustiças, mergulhou no egoísmo da vida —, indiferente aos prantos dos seus irmãos, tem, por assim dizer, na encarnação sob a forma de mulher, o derradeiro estágio da sua purificação na Terra.

Cumpra a sua missão, e estará liberta de todas as escravidões, porque se adormecer chorando, na morte do corpo, despertará sorrindo na pátria dos Verdadeiros Vivos.

E agora, que o mundo inteiro se estorce em dores de toda espécie, ao sopro corrosivo da anarquia que está destruindo os sagrados laços do Amor da Família, as vozes do Alto nos trazem mensagens diárias, dizendo:

Libertai-vos dos grilhões do mundo e voltai a refazer os lares; amai vossos filhos e ensinai--os a serem bons, mostrando-lhes, nos tristes exemplos cotidianos, quanto terão de sofrer pelos erros que cometerem, principalmente se não souberem amar e obedecer aos amorosos conselhos das mães, porque os maus filhos não podem ser felizes na vida.

Mulheres, que vos julgais escravas, o vosso cativeiro é fruto do erro com que educais e dirigis os homens: as leis sociais são más porque vós não quereis formar homens bons, e piores serão ainda se continuardes a abandonar os vossos deveres para com Deus e para com a Família.

Basta de teorias, de templos e de ritos religiosos exteriores.

Cultivai o sentimento de Amor ao Deus verdadeiro, idolatrai no coração as vossas mães, adorai na alma os vossos filhos — fazendo-os bons, mesmo a custo do vosso sangue e da vossa vida, e quando tiverdes — à força de tanto amar a tudo isso — esvaziado o vosso coração, o vosso coração será cheio de um grande e maior tesouro que permanece eternamente: *o Reino de Deus*.

Como funciona?

Utilize o aplicativo QR Code no seu aparelho celular ou *tablet*, posicione o leitor sobre a figura demonstrada acima, a imagem será captada através da câmera do seu aparelho e serão decodificadas as informações que levarão você para o *site* da Editora.

Conselho Editorial:
Antonio Cesar Perri de Carvalho – Presidente

Coordenação Editorial:
Geraldo Campetti Sobrinho

Produção Editorial:
Renato Nogueira

Coordenação de Revisão:
Mônica dos Santos

Projeto Gráfico e Capa:
Dimmer Comunicações Integradas

Diagramação:
Saraí Ayres Torres

Normalização Técnica:
Biblioteca de Obras Raras e Patrimônio do Livro

Esta edição foi impressa pela Ediouro Gráfica e Editora Ltda., Bonsucesso, RJ, com tiragem de 2 mil exemplares, todos em formato fechado de 140x210 mm e com mancha de 95x166 mm. Os papéis utilizados foram Polen Soft 80g/m² para o miolo e o Supremo 250g/m² para a capa. O texto principal foi composto em fonte Agaramond 11,5/14,3 e os títulos em Agenda 11/14.